Anselm Grün
Hagen Binder

Den Horizont spüren

Anselm Grün
Hagen Binder

Den Horizont spüren

Texte und Bilder der Orientierung und Verheißung

VIER TÜRME

INHALT

Vorwort

Als wir gemeinsam im Atelier von Hagen Binder waren, zeigte er mir seine große Serie von Bildern zu dem Thema »Horizont«. Bilder, die über Jahre entstanden waren und in ihrer Dichte faszinierten. Wir erörterten in der Folge, ein gemeinsames Buch über dieses Thema zu schreiben, auch wenn das Thema eher fremd für mich war. Es berührte mich nicht, es sprang kein Funke über. Doch je mehr ich mich darauf einließ, erkannte ich, wie hochaktuell dieses Thema ist. Denn gerade unsere Krisenzeit – die Zeit der Pandemie, des Klimawandels, des Krieges mitten in Europa – braucht eine Horizonterweiterung, damit wir diese Krisen zuerst einmal in einem neuen Licht sehen, dann aber auch anders mit den Krisen umgehen können. Wir spüren, dass unser alter Horizont nicht mehr trägt, dass er uns nicht genügt, um das Leben zu verstehen, wie es durch die Krisen heute geprägt ist.

Daher geht es heute um eine Horizonterweiterung, um in dieser Zeit gut leben zu können. Es braucht eine Erweiterung unseres Horizontes, um mitten in dieser hoffnungsarmen Zeit voller Hoffnung leben zu können. Nur die Hoffnung eröffnet uns einen neuen Horizont. Ohne diesen neuen Horizont lassen wir uns von der tristen Realität nach unten ziehen. Der Horizont zwingt uns, über die Dinge unseres Alltags und über die reale aufgewühlte Welt hinauszuschauen, um im Horizont einen Schimmer von Licht, einen Schimmer von Hoffnung zu entdecken.

Der jüdische Philosoph Ernst Bloch meint: »Denken heißt Überschreiten.« Denken überschreitet immer schon den Horizont, unter dem wir leben. Wir überschreiten dabei unsere bisherigen Sichtweisen, wie wir die Welt bisher erklärt und gesehen haben. Doch dieses Überschreiten ist für Bloch keine Flucht vor den Realitäten unseres Lebens: »Denken heißt Überschreiten. So jedoch, dass Vorhandendes nicht unterschlagen, nicht überschlagen wird. Weder in seiner Not, noch gar in der Bewegung aus ihr heraus« (Bloch, Prinzip Hoffnung 2). Das Thema des Horizontes will uns also hinführen zu einem neuen Denken, zu einem Denken, das unserer Wirklichkeit gerecht wird und zugleich Hoffnung bewirkt in unseren Herzen. Es ist ein Denken, das sich nie nur auf das Vergangene bezieht, sondern das Vergangene schon sieht als etwas, das Zukünftiges in sich trägt. Es ist ein Denken, das sich nicht fixiert auf die momentanen Krisen, das sich nicht damit begnügt, Krisenmanagement zu betreiben. Vielmehr ist es ein Denken, das die Krisen in einem größeren Horizont betrachtet. Wir spüren, dass unser Denken, das alles kontrollieren und erklären will, nicht mehr weiterträgt. Unser Denken braucht einen offenen Horizont, damit es der Wirklichkeit, so wie sie uns heute begegnet, gerecht wird.

Annäherung an das Geheimnis »Horizont«

Wie oft geschieht es bei unseren Lebensschritten, insbesondere den kritischen, dass wir nach dem »Horizont« fragen und ihn suchen. Dabei spüren wir, wie eng wir mit ihm verbunden sind, vor allem im Blick auf unsere Sinnsuche. Wir erfahren ihn in einer unendlichen, einladenden Weite, wenn wir die Schönheit der Schöpfung staunend und dankbar empfinden, wenn unsere Schritte gelingen oder ein weggebender Gedanke uns zuversichtlich in die Zukunft führt, aber auch, wenn wir uns in einer Krise befinden, wenn unser Horizont nicht da ist, nicht greifbar oder vernebelt ist. Wenn wir uns eingeschlossen fühlen in seinen Eingrenzungen und enttäuscht, verlassen und verloren keinen Ausweg aus dieser Situation sehen. Gar oft benennen wir den Horizont in diesen Situationen mit ihm verwandten Begriffen, wie Perspektive, Vision, Ziel, weite Sicht, Aussicht, Land in Sicht.

In seiner Bedeutung ist der »Horizont« viel mehr, als nur ein abstrakt zu empfindendes »Etwas«, als eine »auf Erden, außerhalb von uns selbst, in der größten Sichtentfernung befindliche wahrgenommene Linie«, ist auch nicht nur Begleitmusik unseres Erdenweges. Er ist unabdingbarer Teil unseres großen menschlichen Geheimnisses, unseres menschlichen Daseins und unserer eigenen Weltsicht und so direkt mit unserem Erden-Dasein verbunden. Über unser Sehen und vor allem unsere Wahrnehmung ist er direkt mit allen Erfahrungen unseres Lebens verknüpft und entsprechend in uns erfahrbar. So sind wir buchstäblich Träger unseres eigenen Horizontes, können ihn dabei schützend, haltgebend oder einengend empfinden, lockend oder fehlend. Er spiegelt in sich unser »Hiersein«, all unsere Sicherheit, all unser Bewegt-Sein und unsere Suche nach dem Sinn unseres Lebens. Er befragt uns unaufhörlich und wir müssen auf ihn antworten. Er ist so Teil von uns und unser Begleiter auf unserem Erdenweg.

Gerade in unserer jetzigen Zeit, die in besonderem Maße von existenziellen Krisen, wie Corona-Pandemie, Kriege, Klima- und Energiekrise, Hungerkrise, Armutskrise, wie auch die damit verbundene Völkerwanderung gefüllt ist, gewinnt das haltgebende und orientierungsweisende »Horizont-Haben« zunehmend an Bedeutung für uns

Menschen und dies weltweit. Am aktuellen Beispiel einer Patientin mit Long-Covid-Escheinungen können wir dies konkret nachspüren. Sie äußerte sich zu ihrer Lage: »Mein Horizont ist mir verlorengegangen, alles ist vernebelt in mir und außerhalb von mir, ich sehe keine Zukunft, fühle mich erschöpft, kraftlos, ohne Halt und Orientierung. Mein Körper und meine Psyche leiden unter dieser Situation.« Deutlich ist der enge Zusammenhang zwischen dem Verlust der Orientierung und der körperlichen sowie psychischen Verfassung erkennbar. Die Frau findet keine Antwort auf die Frage nach ihrem Dasein, ihrer Zukunft und dem Sinn ihres Lebens. Sie spürt, wie eng ihre äußere Wahrnehmung und ihr inneres Empfinden in ihrer Horizontsuche miteinander verbunden sind, ja, wie sie selbst Teil ihres Horizontes ist.

In eigener und besonderer Weise erfahren wir mit dem Erkennen des Horizontes in unserem Inneren gleichzeitig das Erkennen des Nicht-Verfügbaren, des »Unverfügbaren«, des jenseits aller Grenzen Befindlichen. Wir bewegen uns in Beziehung zum Horizont zwischen Endlichkeit und Unendlichkeit. Er wird so zu einem »Lebensgerüst«, das uns Halt bietet auf Erden, aber auch den Blick öffnen will für unser »Sein« darüber hinaus. Wie wichtig ist es daher für uns Menschen, einen weiten und »tragfähigen Horizont« in sich zu tragen, gerade in den schwierigen Momenten des Lebens. Dies führt uns unausweichlich zur Frage unseres »Glaubenshorizontes«, der als Träger unserer tiefen inneren Sehnsucht und Hoffnung, ungeachtet aller reellen Grenzen, ein inneres Vertrauen, einen inneren Halt und eine Sicht bieten kann. Man sieht dies auch daran, dass die meisten Veröffentlichungen zum Thema »Horizont« diesen in Verbindung mit dem Tod und dem Leben nach dem Tod bringen, als Grenz- oder Horizontüberschreitungen.

Mit dem vorliegenden Buch wollen wir uns mit Ihnen, liebe Leserin und lieber Leser, an das besondere Geheimnis des Horizontes und seiner Bedeutung für uns Menschen annähern. Dies soll aus zweierlei Sichten geschehen, die zusammengeführt werden, aus der geistlichen und spirituellen Sicht des Schriftstellers, Lebensberaters und Mönches Pater Anselm Grün und aus der Sicht des Architekten, Malers und gedanklichen Spurensuchers Hagen Binder.

Im ersten Teil werden die Gedanken und Worte beider Verfasser zusammengeführt. In ihnen wird der besonderen und für uns einzigartigen Bedeutung des »Horizontes« nachgegangen. Darauf aufbauend werden in einem anschließenden Meditationsteil mit 21 Bildern den unterschiedlichen Erfahrungs-Horizonten nachgespürt. In engem Miteinander der Meditationstexte von Pater Anselm Grün und der Bilder von Hagen Binder sollen die Wirkweisen des Horizontes zum Klingen gebracht werden und unterschiedliche Erfahrungen angesprochen werden.

Die Wandlung des Begriffes »Horizont« in der Menschheitsgeschichte

Von Anfang der Menschheitsgeschichte an hat die jeweilige Wahrnehmung des Horizontes eine wesentliche Auswirkung auf das Erfahren der äußeren und der inneren Welt gehabt:

In der Frühzeit der Menschheit war der Horizont für die Menschen die »Trennlinie« zwischen der Erde, ihrem Lebensraum und dem geheimnisvollen unbekannten Himmel, dem Lebensraum derer, die ihr Leben auf der Erde bestimmten, den Göttern. In der ganzheitlichen Vorstellung, in der sich der Mensch mitten in der ihm geschenkten Schöpfung fühlte, lag die Verknüpfung von etwas Wahrnehmbaren und einem nur Ahnbaren. Dies führte zum Ursprung erster religiöser Vorstellungen auf der Suche nach dem Lebenshorizont. Schon in den wohl ältesten Zeugnissen zeigen Steinritzungen eine Horizontale und eine Vertikale, die sich in der Mitte kreuzen. Sie können als Sinnbild dafür dienen, dass der Mensch in der Mitte seiner Erde, seiner Welt, als Vertikale die Horizontale, seinen Lebensgrund, kreuzt.

Im Weltbild der späten Frühzeit sowie im Griechentum teilte der sichtbare Horizont die Welt auf, in den Himmel der Götter und die Hölle, das Schattenreich unter der Erde. Gedanklich versuchten in dieser Epoche die Dichter zum ersten Mal die Grenze des Erdenlebens und damit ihres Horizontes zu durchdringen und gedanklich oder in Visionen hinter den Tod als Grenze, in das Reich der Götter zu gelangen. Der Horizont wurde damit zur Maßschnur der menschlichen Sehnsucht. In der griechischen Philosophie wurde der Horizont verdichtet zur Grenze zwischen Sichtbarem und Unsichtbarem, zur Grenze seiner Erkenntnis.

Die Zeit des Juden- und Christentums war geprägt durch den Glauben an den einen Gott. Die großen Gestalten des Alten Testamentes wie Noah, Abraham, Moses, Joseph, David, haben ihre persönliche Horizonterfahrung gemacht und sie ihrem Volk weitergegeben als Lebenshorizont des Vertrauens und unverbrüchlichen Bundes mit Gott. Im Neuen Testament hat sich dieser Horizont durch die Geburt und das Leben Jesu sowie das Zeugnis der Apostel auf unser konkretes Menschsein ausgerichtet, hat den Horizont mit dem Glauben an die Auferstehung über den Tod hinaus erweitert. Das Sein des Menschen hat damit eine neue Dimension und einen neuen Horizont erfahren.

Bis ins Mittelalter wurde der Horizont vor allem »inmitten des Menschen« verortet, als »Bedeutungsebene«, als Teil von ihm. Eingefügt in die ihn haltende Schöpfungsordnung, war sich der Mensch bewusst, dass in ihm sowohl der Körper wie der Geist wohnen, das Menschliche und das Göttliche. Diese für den Menschen weite Sicht verknüpfte alles Irdische mit dem Himmlischen. Weitgehend war das Ziel des auf Erden-Seins sogar auf das jenseits des Horizontes liegende »Ewige« ausgerichtet.

Mit der Zeitenwende der Renaissance löste sich der Mensch aus dieser Einheit des Lebens, Glaubens und Wahrnehmens. Er begab sich auf die Suche nach sich, seinem »Selbst«. Damit wurde der Horizont zunehmend zu einem »Erkenntnishorizont«, zu einem Zeichen der besonderen Bedeutung des Menschen. Als solcher ist dieser nicht mehr der in die Schöpfung integrierte Handelnde, sondern gleichzeitig sein eigener entdeckender Beobachter. Mit der gleichzeitigen Entdeckung der Perspektive rückt er sich auch in der Darstellung bildhaft selbst in die Mitte und gleichzeitig den Horizont immer mehr in die menschliche Ferne. Erfüllt von dieser Erkenntnis war der Mensch bestrebt, von nun an seinen Horizont zu erweitern. Er eroberte neue Kontinente, blickte durch das Fernrohr in die weitesten Sphären und entwickelte neue Weltbilder.

In der Zeit der Aufklärung entwickelt sich der Horizont immer mehr zum Synonym für die »Grenze«, die der Mensch durch sein Denken und Wissen immer weiter zu verschieben sucht. Dies wird besonders deutlich kenntlich in dem Satz des Philosophen Descartes »Ich bin, weil ich denke«. Das Lösen vom Ungreifbaren, von Glaube, Religion und Gott, sowie das Forschen in den Grenzsituationen des Menschen steht ab jetzt im Mittelpunkt. Dadurch wird der Mensch immer mehr zu dem »sich selbst beobachtenden Beobachter«. Das bedeutet gleichzeitig eine Horizontveränderung. Die von der Philosophie der Aufklärung formulierte Erkenntnis »Gott ist tot« bedeutet den Verlust des bisherig wichtigsten Horizontes des Menschen, seinem Glauben an Gott, an dem er sich orientieren konnte. Mit diesem Verlust gingen alle Allgemeinbegriffe der abendländischen Metaphysik und Ethik verloren, die ethischen und weltanschaulichen Koordinaten.

In den Wissenschaften unserer Neuzeit wird der Horizont als »erkenntnis-theoretischer Aspekt« verfolgt. Insbesondere die Relativitätstheorie und die darauf aufbauende Quantenphysik definieren den Blick auf die Grenzen des Horizontes neu. Der Quantenphysiker Nils Bohr wird von Abraham Pais in seinem Buch »Ich vertraue auf Intuition« so zitiert: »Durch Albert Einsteins Werk hat sich der Horizont der Menschen unendlich erweitert und gleichzeitig unser Bild vom Universum eine Geschlossenheit und Harmonie erreicht, von der man nur träumen kann.« Jedes Teilchen, jeder Gegenstand kann in dieser Erkenntnis je nach Bedingung und je nach Art der Beobachtung »Sichtbar-Materielles« und »Unsichtbar-Geistiges« enthalten, Welle und Energie. Die bislang gekannten festen Grenzen verschwimmen. Das Unbestimmte bekommt einen eigenen Stellenwert, und alles ist mit allem verbunden und voneinander abhängig. Grenzkonturen unterliegen der Wahrscheinlichkeitsbetrachtung.

Die Botschaft des Horizontes

Als Teil unseres menschlichen Lebens ist der Horizont eng verknüpft sowohl mit dem Wahrnehmen der äußeren Welt wie auch der inneren Welt. Ein jeder von uns spürt ihn in seiner eigenen Weise, wenn er die Grenzen seiner Sicht, seines Wissens, seiner Erkenntnisse und seines Fühlens abtastet. In diesem Vorgang wird erkenntlich, dass wir Menschen innerhalb der Schöpfung in besonderem Maße ausgezeichnet sind. Wir sind das einzige Wesen, das als Subjekt lebensfähig ist und sich dabei gleichzeitig als Objekt beobachten kann, das in dieser Komplexität aus seinem Tun und Denken seine Schlüsse ziehen, reflektieren und ihm einen Sinn geben kann. Als einziger sind wir befähigt, ganzheitlich die Schöpfung zu betrachten und uns selbst mit der Schöpfung in Beziehung zu bringen. Mit diesen besonderen »Gaben« zugleich wurde uns Menschen eine unbegrenzte Freiheit des Handelns, Denkens und Fühlens geschenkt, damit aber auch die Verpflichtung und Aufgabe der dazugehörigen Sorge und Verantwortung.

Der Horizont definiert unseren »Lebensraum«

Als Menschen sind wir dreidimensionale, raumeinnehmende Wesen. Wir benötigen, um wahrhaft lebendig und geborgen zu sein, einen »Raum«, in dem sich unser Leben vollziehen kann. Als unseren »erfahrbaren Lebens-Raum« brauchen wir ihn, als unseren äußeren, sicht- und fühlbaren Raum des Handelns, aber auch als unseren inneren Raum des Denkens und Fühlens. Dieser von uns wahrnehmbare und erlebbare Raum wird zwischen uns und den Grenzen des Horizontes aufgespannt. Zur Orientierung hat er ein Oben und ein Unten, ein Links und ein Rechts, ein Vor- und ein Hinter-Uns. Dabei ist der aufgespannte Raum im Hier auf Erden greifbar, der obige Bereich des Raumes aber, der Himmel, nicht. In unserem »Lebens-Raum« begegnen sich am Horizont mithin Sichtbares und Unsichtbares, sowohl das Hiersein, wie auch die Ewigkeit, gleichermaßen als Abbild einer ahnbaren »Ganzheit«. Unser Raum gibt uns den nötigen Halt und die Sicherheit aller irdischen Bewegungen, verdeutlicht aber auch gleichzeitig sein unfassbares Geheimnis, seine Jenseitigkeit und Unendlichkeit. Zum Wahrnehmen unseres »Lebens-Raumes« benötigen wir sowohl das äußere als auch das innere Licht. Das Licht, das das Gesehene erst formt und es samt seinem Gefüge erkennen lässt. Erst in diesem Licht konkretisiert sich unsere Umgebung und konkretisieren wir uns selbst. Sind der Raum und unsere Umgebung verdunkelt, so wird es unmöglich sein, Konturen zu erfassen. In der Folge verlieren wir unsere

Sicherheit und unsere Orientierung. Ohne Licht kann sich kein Horizont abbilden. Diese Erfahrung ist wichtig für unsere täglichen Schritte durch das Leben. Wir sind für den Umgang mit unserem Lebensraum verantwortlich und wir brauchen das äußere und vor allem auch das innere Licht, um uns auf unserem Weg orientieren zu können und damit das Vertrauen, den nächsten Schritt setzen zu können.

Der Horizont stellt uns in die Mitte unseres Raumes

Der Philosoph O. F. Bollnow hebt in seinem Werk »Zeit und Raum« den vom Menschen »gelebten Raum« besonders heraus. Er schreibt: »Er, dieser gelebte Raum hat einen ausgezeichneten Mittelpunkt, der ›durch den Ort des erlebenden Menschen im Raum gegeben ist‹. Er fügt ihn in ein Achsensystem, das mit dem menschlichen Körper und seiner Haltung zusammenhängt.« Wundersam, einem Geheimnis gleich, stehen wir bei allem Erleben immer in der Mitte unseres wahrgenommenen Raumes, in seinem Achsensystem. So wie es die ersten Zeugnisse der Menschheit darstellen, ein jeder in der Mitte seines Raumes, nie am Rande. Ein jeder wird so in seiner erlebbaren Wirklichkeit zum Zentrum seiner sichtbaren und unsichtbaren Welt. Wenn wir dieses Geheimnis näher anschauen, dann erkennen wir, dass diese Mitte in uns Menschen liegen muss, aus der heraus wir gleichzeitig Akteur, wie auch Beobachter in unserem Erleben sind. Der Philosoph van Peursens versieht diese Erkenntnis mit einem Bild, wie O. F. Bollnow schreibt: »Der Horizont erlaubt es dem Menschen, in seiner Welt heimisch zu werden, in ihr zu wohnen [...] der Horizont gibt ihm ein Heim.« Wir Menschen stehen nicht nur in der Mitte unserer Welt, sondern wir wohnen in der Mitte von ihr, sind hier zuhause, sind selbst die Mitte unseres »Lebensraumes«. Diese Mitte vermittelt uns aber auch, dass wir als der Hüter unseres »Lebens-Hauses« verantwortlich sind für uns und unsere Welt, das uns Anvertraute pflegen und erhalten müssen. Gleichzeitig verspürt der Mensch in diesem »Mitte-Befinden« eine tiefe Sehnsucht, die ihn umgebende Welt in ihrer unermesslichen, vielgestaltigen und geheimnisvollen Gänze zu begreifen

Der Horizont zeigt sich als Grenze und Ziel unseres Hierseins

Der Horizont zeigt sich uns Menschen mit der Horizontlinie bildhaft als unser Gegenüber, ist somit eng und geheimnisvoll mit unserem »Auf-Erden-Sein« verbunden. Dort, wo Erde und Himmel zusammenfallen, das Sichtbare und das Unsichtbare, zeigt er sich als die äußerste sichtbare Grenze unseres »Lebensraumes«. Sie umgibt wie ein Haag, eine Einzäunung, wie ein schützender Rahmen unser sichtbares Lebensfeld. Sie steckt gleichzeitig die Weite unseres irdischen äußeren Blickes ab, aber auch die unseres inneren Blickes in unser Mensch- und Mitmensch-Sein auf Erden. Der Duden definiert den Horizont als scheinbare Begrenzungslinie zwischen Himmel und Erde, als »Sichtgrenze und als Gesichtskreis«. Das Wort stammt aus dem Griechischen: »horizein« bedeutet »abgrenzen«, »horizon kyklos« heißt »Grenzlinie, Grenzkreis, Gesichtskreis«. Der Horizont umgrenzt als äußerster wahrnehmbarer Kreis einen erfahrbaren Raum, der uns Menschen damit zu unserem »menschlichen Blickraum« wird. Der Philosoph O. F. Bollnow beschreibt dies in seiner Sicht: »Der Horizont bezeichnet die Grenze, zu der der Mensch nicht gelangen kann, aber ebenso in seiner Doppelbedeutung den Bereich, in den sich der Mensch durch seinen Blick ausdehnt. Eine Welt ohne Horizont ist unmöglich, der Horizont gehört untrennbar zum Menschen ... der Horizont versetzt den Menschen in die Mitte seiner Wirklichkeit.«

Die Horizontlinie ist für uns Menschen in ihrer räumlichen Orientierung als die wichtigste Ordnungslinie zu erkennen, neben der Vertikale, die uns selbst als dem stehenden Menschen entspricht, Als waagrechte Linie entspricht sie unserer realen Erdbewegung, teilt und verbindet gleichzeitig zwischen unten und oben, Erde und Himmel, unserer irdisch fassbaren Welt und oberer unfassbaren Welt, Sichtbarem und Unsichtbarem. Unser Auge nimmt faszinierenderweise beides gleichermaßen in den Blick, nachdem die Horizontlinie immer auf unserer »Augenhöhe« gelegen ist. So fügt unser Blick allem erkennbaren Materiellen und Irdischen eine oft unbewusste Ahnung von Immaterialität hinzu, so erfahren wir in unserer Wahrnehmung die Sicherheit eines geheimnisvollen Gehaltenseins in unserer Welt.

Gleichzeitig zeigt die Horizontlinie auch die Grenze von Vernunftebene und unserer sinnlichen, sinnstiftenden Ebene. Täglich begleitet uns die Frage nach der Grenze der eigenen Schritte, der eigenen Lebenssicht, der Leistungsfähigkeit in der Familie, im Beruf wie auch in der Freizeit. Wie oft befragen wir uns nach unserer Ausrichtung, nach unserem »Lebenshorizont«. Wie oft fühlen wir uns in den wahrgenommenen Grenzen gehalten, geschützt und wohlbefindlich, gewinnen in diesen Grenzen unsere eigene Selbstsicherheit und Beweglichkeit. Wie oft müssen wir aber auch unsere eigenen Grenzen spüren, ihre Unerreichbarkeit, ihre einschnürende Enge, ihre erschöpfende und lähmende Ausstrahlung. Und nicht selten stellen wir dabei auch fest, dass wir unsere eigenen äußeren und inneren Grenzen nicht vernünftig und richtig gesteckt haben. Dies mag eine wesentliche Aufgabe sein, die uns unser Horizont für das Leben vermittelt.

Betrachten wir die Horizont-Definition im weiteren Sinne, dann erkennen wir, dass die uns umgebende Begrenzung sich zugleich auch als das »Ziel unseres äußeren und inneren Weges auf Erden« zeigt. Nie stehen wir am Horizont, sondern immer schauen wir auf den Horizont. Dieser gibt einerseits die Grenze unserer Welt an, auf der anderen Seite aber weist er auf das Grenzenlose hin, das »weiter als der Horizont« sein. Es ist unsere menschliche Sehnsucht, die uns in geheimnisvoller Weise auf dieses Gegenüber, auf die Grenze, auf das Ziel, zutreibt. Sehnsucht ist ein hoher Grad an innerem Verlangen, eng verbunden mit den Begriffen »Begehren, Suchen«. Als Teil der Sehnsucht spürt der Mensch, je nach Verfassung, die menschliche Neugierde nach dem Unbekannten, all dem »Hinter-dem-Horizont-Liegendem«. Die Menschheitsgeschichte ist die Geschichte der Entdeckungen, der Erschließung neuer Regionen und Erdteile, der immer wieder neuen Weltbilder als Lebens-Horizonte, der Fahrt über die Ozeane, der Suche nach neuen Horizonten. Wie oft sieht der Mensch das Ferne, das bislang nicht Erreichte, als seine eigentliche Lebensaufgabe an, will möglichst alles entdecken, um die Vielfalt der uns gegebenen Welt zu erfahren – so, wie es der Seefahrer Christoph Kolumbus oder der Forscher Alexander von Humboldt im 19. Jahrhundert signalhaft für ihre Zeiten machten.

Der »ferne Horizont« befragt uns als unser sichtbares Gegenüber nach unserem Lebensweg, nach seinem Sinn, seinem Ziel. Unaufhörlich sind wir auf der Suche, erweitern unser Wissen, um uns die Welt in immer größerem Maße verfügbar zu machen. Mag sein, dass tief in uns Menschen bei allem Entdecken die Sehnsucht nach Vollkommenheit, nach dem Ziel unseres Seins, unser Antrieb ist. Die Suche nach dem Geheimnis des Lebens und der Schöpfung, nach dem Ganzen des Daseins, aber auch nach einem letztendlichen Ankommen. Die »Ferne«, der Horizont und das »Hier«, das Zuhause, spiegeln sich in ihrem Gegenüber. In welch Freiheit können wir Menschen auf Entdeckungsfahrt gehen, wie anders können wir unseren Lebensweg gestalten, wenn wir wissen, dass wir »daheim« liebend erwartet werden. Wie auch unser Weg je ausschauen sollte, dabei keine Unsicherheit, keine Angst zu haben, nach der Ankunft lediglich in ein Nichts zu fallen.

Der Schriftsteller und Theologe Andreas Knapp schrieb einen Gedichtband mit dem Titel »Weiter als der Horizont« und dem Untertitel: »Gedichte über alles hinaus«. Das Gedicht über Abraham zeigt in poetischen Worten etwas von diesem »über alles hinaus«:

Abraham

stammvater
aus ur-zeiten

utopisches wetterleuchten im blut
sehnsuchtskompass gottweh

zähle die glühenden sandkörner
am nachthimmel

steck einen stern auf deinen wanderstecken
deine kindheit liegt dir erst noch voraus

nur im verlassen alles vertrauten
findest du heim

In diesem Gedicht wird deutlich, was Andreas Knapp mit dem »über alles hinaus« meint. Er meint die Sehnsucht des Menschen, die über alles Sichtbare hinausgreift, »weiter als der Horizont«. Der Horizont ist zwar das Begrenzende. Aber unsere Sehnsucht geht im großen Vertrauen über alle Grenzen hinaus zum »Grenzenlosen, Ungreifbaren, Unbenennbaren«.

Durch und mit dem Horizont entdecken wir, dass unser Sein viel größer sein muss, als unser begrenztes irdisches Leben, dass es ein Jenseits aller Grenzen geben muss, ein »Danach und ein Dahinter«. Zu unvollkommen ist all unser Leben, all unser Tun, zu fragmenthaft unser »Dasein«. Aus tiefem Glauben und aus dem Vertrauen auf die letztliche »Ganzheit der Schöpfung und des Menschen« kann unser irdisches Leben daher nur als Teil eines viel größeren »Seins-Weges« betrachtet werden. In all unserem täglichen Mensch-Sein, in all den Fügungen des Lebens, Intuitionen, Gedankenflügen und spirituellen Erfahrungen spüren wir bereits, dass unser Horizont offen ist.

Welch ermutigende Aussagekraft hat diesbezüglich das Gedicht von Hilde Domin, in dem sie sagt, dass sie ihren Fuß in die Luft setzt und darauf vertraut, dass sie trägt. Sie setzt ihn im Vertrauen auf das »Numinöse jenseits jeder Grenze des Horizontes«. Nur dies kann uns durch das Leben tragen, als Einübung für den großen Schritt an unserem Lebensende.

Der Horizont hält uns dauernd in Bewegung und ist unser ständiger Begleiter

All unser »Sein« ist dauernd in Bewegung und Veränderung, als solches lebendig und mit der Zeit verbunden. Alles ist mit allem in seinem Bewegt-Sein verbunden. Der Horizont, wir Menschen, seine Mitte, der Zwischenraum, wie auch die Grenzlinie sind mithin keine starren, fixen Gefüge. Unablässig erfahren wir eine Veränderung des Bildes unseres Horizontes, obwohl es uns von Kindheit an begleitet. Nicht nur unsere Augen, unsere Pupillen, bewegen sich bis zu 250.000 Mal am Tag, wir spüren in der Wahrnehmung des Horizontes auch jede innere Bewegtheit, die uns ergreift. Bewegen wir uns selbst, erfahren wir fasziniert, wie er sich mit uns mit bewegt, wie eine erweiterte Haut. Er lebt von der Beziehung zu uns und wird dabei von unserer jeweiligen Blickrichtung bestimmt. Auch die äußeren Einwirkungen spielen in seiner Wahrnehmung eine gewichtige Rolle, atmosphärische Geschehnisse, wie die Witterung, Wolken und Winde, Licht und Schatten, Morgen- und Abendstimmung. So begleitet uns der Horizont in jedem Moment, Schritt für Schritt, geführt von der Zeit, begleitet von der Frage nach dem Ziel unseres Weges. Damit wird er zum sichtbaren Motivator und Auslöser unserer Bewegung, zum Abbild unserer Wanderschaft auf Erden. Bei aller Bewegtheit wird uns jedoch deutlich, dass wir unseren Horizont auf Erden nie erreichen werden. Zu geheimnisvoll ist er ein Teil von uns selbst, er wandert immer mit uns mit. Der Philosoph Hans Georg Gadamer schreibt: »Es ist ein unglaubliches Geheimnis, der Horizont ist etwas, in das wir hineinwandern und der mit uns wandert.« Der Philosoph Edmund Husserl erweitert diesen Gedanken. Für ihn ist »der Horizont etwas, was immer ›mitwandert‹ und zum weiteren Vordringen ›einlädt‹. Horizont haben bedeutet, nicht-auf-das-Nächste eingeschränkt sein, sondern über es hinaussehen können. Wer Horizont hat, weiß die Bedeutung aller Dinge innerhalb dieses Horizontes richtig einzuschätzen nach Nähe und Ferne, Größe und Kleinheit.« Unsere Bewegung hin zum Horizont, zu der Grenze, die wir überschreiten wollen, mag nicht nur bildhafter Ausdruck unserer Neugierde und unseres Fernwehs sein, sondern auch Teil unserer tiefen Sehnsucht nach einer inneren Vervollkommnung. Letztlich die Sehnsucht zu Gott, zu unserem Urgrund hin.

Die Bewegung vollzieht sich vor allem im Inneren von uns Menschen. Ein jeder kennt die Momente, in denen der Gedankenfluss Grenzen abtastet und sie auch überschreitet, kennt die Gedankenflüge, die über alle Grenzen hinausgehen und die spirituellen Erfahrungen, die jede Begrenzung auflösen können. Dabei ist es

wichtig, zu erkennen, dass all unsere Bewegtheit nach vorn gerichtet ist. Es gibt kein Zurück, kein Noch-einmal-Erleben unter den gleichen Bedingungen. Suchen wir einen Vergleich, dann ähneln wir dem Wasser, das unaufhaltsam von der Quelle sich seinen Weg zur Mündung sucht. Dieses Wasser, dass das wesentliche Grundelement unseres Lebens ist. An seinem Horizont versiegt es jedoch nicht, sondern fließt in neuer Gestalt weiter, als wichtiger Teil des menschlichen Horizontgeheimnisses. Wir ahnen, dass uns Sehnsucht und Hoffnung im steten Fluss hinführen wollen zu einem tief in uns tönenden Horizont. Wird diese Bewegung zu einer rastlosen Unruhe, kann sich, im negativen Fall, die tief in uns empfundene Sehnsucht auch zu einer Sucht und Hybris in uns Menschen entwickeln. »Zwar weiß ich viel, doch möchte ich alles wissen«, sagt Goethes Faust.
Viele Erzählungen und Weisheitsgeschichten ranken sich um die Erfahrung der »Schatzsuche«, die zum fernsten Horizont führen will und die letztliche Erfahrung und Erkenntnis, dass dieser Schatz nicht fern, sondern vor der eigenen Tür liegt.

Der sichtbare »äußere« Horizont

Welch unvergesslicher Moment, wenn wir am Meeresstrand stehen und über die weite Wasserfläche schauen. In der unbekannten Ferne suchen unsere Augen den Horizont und finden ihn als sichtbare Grenze dort, wo das Wasser und der endlose Himmel sich begegnen. Bei diesem Wahrnehmen, diesem Begegnen mit ihm, sind wir zumeist von tiefem inneren Staunen und einer unerklärbaren Sehnsucht erfüllt, werden hingezogen zu dieser Berührungsfläche zwischen dem Begreifbaren und dem uns Unbegreifbaren, dem Endlichen und dem Unendlichen. Ähnliches geschieht wenn wir auf einer Anhöhe oder einem Berggipfel stehen, Ausschau halten und staunend auf die zu unseren Füßen liegende Welt in ihrer Vielfalt schauen. Auch hier macht unser Blick Halt an der am entferntesten erkennbaren Kontur, dem Horizont. Wir erkennen, wie er den Himmel in seinem Wolken- und Farbspiel berührt und alles Geschaute, unsere Erde, überspannt. In diesem Moment spüren wir uns zwischen Himmel und Erde gestellt, fühlen uns mitten in dieser einzigartigen Schöpfung. Mit einem »andächtigen Staunen« nehmen wir die Unfassbarkeit und Größe des Geschauten wahr, wie auch eine tiefe Dankbarkeit für unser Hiersein.
Die Begrenzung und Gestalt des äußeren Horizontes zeigt sich uns sichtbar durch Landschaft, Berge, Wasser, Bäume und Gebäude. Je nach Gegebenheiten, Sichtwinkel und Sichthöhe, persönlicher Verfassung und Witterung zeigt sie sich in verschiedener Gestalt. Abhängig von der Höhe des menschlichen Beobachterstandortes kann der Horizont unterschiedlich weit entfernt wahrgenommen werde. Die Entfer-

nung bezeichnen wir als »Sichtweite«, sie lässt sich mit dem Erdradius und dem Satz des Pythagoras errechnen. Im Blick auf den »äußeren Horizont« nehmen wir zudem immer auch einen engen Bezug auf uns selbst und unseren Standort wahr, sowie die Wegführung zu ihm hin. Letztere kann sich offen und einladend anbieten oder sich verschließend, kann gegliedert sein mit Haltepunkten oder sich ungegliedert zeigen, hindernd und unübersichtlich. Daraus erschließt sich für uns das Gefühl der Erreichbarkeit.

Da in unserem Sehen der »äußere Horizont« vor uns liegt, ist er somit immer unser »Erwartungshorizont«, die sichtbare äußerste Begrenzung des von uns auf Erden »erlebbaren Raumes«, jedoch gleichzeitig verbunden mit einer tiefen inneren Sehnsucht in uns, die sich auf das Ziel unseres Erdenweges, unserer Pilgerschaft, ausrichtet. Dies erspürend schreibt Augustinus, der bekannte Theologe des Mittelalters: »Unruhig ist mein Herz, bis es Ruhe findet in dir.«

Beide, äußerer Horizont und Mensch, sind aneinandergebunden, können nicht voneinander gelöst werden. Alles Leben spielt sich innerhalb des »Lebenshorizontes« ab, in seiner Endlichkeit von Geburt und Tod. In unserem dauernden Überschreiten von Grenzen, Beenden, Loslassen und Neuanfangen üben wir uns im Laufe unseres Lebens bereits im Umgang mit der Erfahrung mit Grenzsituationen, aber auch mit dem Begegnen des »Unverfügbaren«. Der äußere Horizont verortet so uns und unseren wahrnehmbaren Lebensraum, und ummantelt uns sichtbar in unserem Hiersein. Er kann so das Abbild des »Beheimatet-Seins« für uns sein, wie ein Mantel, der uns Wärme geben soll. Er kann aber auch, wenn er als zu eng empfunden wird, zu einem Bild der Unfreiheit werden, kann uns zu einem unermüdlichen Suchen nach einem »heimatlichen Ziel« führen, wie uns der Mythos von Sisyphus zeigt.

Der unsichtbare »innere« Horizont

Der »innere Horizont« umfasst das Geistige und Seelische in uns, erfüllt unsere Gedanken und Gefühle. Er kommuniziert dabei in enger Verbundenheit mit dem äußeren Horizont. Einer wirkt auf den anderen, einer gibt dem anderen Impulse. Zusammen sind sie die Ganzheit »Horizont«, unser Lebensteppich, der uns dazu dienen soll, unser Hiersein zu begreifen. In der Wechselwirkung der beiden ist der wesentliche Taktgeber für uns Menschen vor allem der »innere Horizont«. Er kann uns bei all unseren Schritten Wegbereiter für unsere irdische Sehnsucht und Hoffnung sein. Immer wieder ist es faszinierend, zu erkennen, dass wir Menschen, anders als in der äußeren Realität, den inneren Horizont in unseren Gedanken und unserem Fühlen übersteigen können. So hat auch jegliche menschliche Forschung und Entdeckung

an ihrem Beginn zunächst eine, wie auch immer geartete, Vorstellung von dem Ziel ihrer Forschung, die über den bestehenden Horizont hinausgeht. Der Philosoph R. Gadamer ergänzt diesen Gedanken: »Der Horizont ist der Gesichtskreis, der all das umfasst und umschließt, was von einem Punkt aus sichtbar ist. In der Anwendung auf das denkende Bewusstsein reden wir dann von Enge des Horizontes, von möglicher Erweiterung des Horizontes, von Erschließung neuer Horizonte etc. Seit Nietzsche und Husserl wird das Wort verwendet, um die Gebundenheit des Denkens an seine endliche Bestimmtheit und das Schrittgesetz der Erweiterung des Gesichtskreises zu charakterisieren. Wer keinen Horizont hat, ist ein Mensch, der nicht weit genug sieht und deshalb das ihm Naheliegende überschätzt.«
Der Mensch selbst steht zwischen Himmel und Erde, hat die Füße auf dem Boden und den Kopf im Himmel und teilt in sich so Sichtbares und Unsichtbares. In ihm begegnen sich Materie und Geist. Vor allem im Mittelalter wurde der Blick vom äußeren Horizont auf den inneren Horizont gelenkt und dieser Horizont im Menschen selbst verortet. Der Schriftsteller der »Göttlichen Komödie«, Dante Alighieri, schreibt: «Unter allem, was ist, hat allein der Mensch die Mitte zwischen dem Vergänglichen und dem Unvergänglichen, deswegen wird er von der Philosophie zu Recht mit dem Horizont verglichen, der die Mitte der Hemisphäre ist.« Thomas von Aquin beschreibt den Menschen als den Ort des Horizontes, »da er aus geistiger und körperlicher Natur besteht, hat er die Grenze beider Naturen in sich«.
Die Mystiker nehmen den Horizont als wichtiges Bild, um unseren Blick von außen nach innen zu wenden, denn im Innern spüren sie den Himmel. Da ist der grenzenlose Gott, der jeglichen Horizont übersteigt. Und gerade im Inneren von uns Menschen findet der eigentliche Wahrnehmungsprozess statt, denn hier in jedem Einzelnen liegt das wesentliche Geheimnis verborgen: all das, was wir außen in unserer Welt sehen, schauen wir durch unser Inneres. Außen und Innen, Fassbares und Unfassbares berühren sich in uns Menschen. Wir sind aus Körper und Geist geschaffen, in uns wirken gleichzeitig Materielles und Immaterielles. Besonders zutreffend wird dies in den nachfolgenden Gedichten ausgedrückt:

Wie wunderbar,
außen stehen wie drinnen,
schauen und das Geschaute zu sein,
halten und gehalten zu sein:
Das ist das Ziel.

MEISTER ECKEHART

Das Äußere ist das
im geheimnisvollen Zustand
befindliche Innere.

NOVALIS

Diesen unendlich wirksamen, inneren Horizont können wir in unserer Gedankenwelt und unserem Denken wahrnehmen. Wir spüren ihn in dem Horizont unseres Wissens, unseres Erfahrens, dem Horizont unseres Bewusstseins, unseres Träumens und unserer Visionen. Der Philosoph Immanuel Kant versteht daher den Horizont im Besonderen als Begriff des »geistigen Gesichtskreises«. Er schreibt: »Das, was unsere Augen sehen können als Umkreis, ist der Bereich, innerhalb dessen wir etwas begreifen können«, und: »Der Horizont ist das Transzendierende des in der Welt sein.« In gleicher Erkenntnis schreib der Schriftsteller Charles Baudelaire: »Es gibt Augenblicke in unserem Leben, in denen Zeit und Raum sich verändern und tiefer werden und das Gefühl des Daseins sich unendlich ausdehnt.« Der katholische Theologe Romano Guardini wiederum fasste die Bedeutung des Geistigen in seine Worte und schrieb: »Gestalt ist mehr als Form, so ist auch der Horizont mehr als Form, ist mit der geistigen Wesenheit verbunden.«
Jede Religion, jeder Glaube, auch unser christlicher Glaube, wird getragen von einem letztendlichen Horizont, der uns in unserem inneren geistigen Leben tragen kann. Der Sinn aller Grenzerfahrung des Horizontes ist mithin das Öffnen unserer »inneren Augen«. In diesem Schauen ist es uns möglich, tiefe Erfahrungen zu machen, auch ohne Wechsel unseres jeweiligen äußeren Ortes.
Für uns Menschen ist es eine eigene und besondere Erfahrung, dass einzig die »Liebe« unsichtbar über alle Grenzen und Horizonte hinweg wirkt. In ihrer Tiefe und Weite können wir erkennen, dass es für sie keine Unterscheidung zwischen hier und jenseits gibt. Sie öffnet uns immer wieder den Blick auf das unfassbare Geheimnis des Mensch-Seins und der Schöpfung, über jeden Horizont hinaus. Wir erfahren dies auf unserem Lebensweg, vor allem mit Blick auf den Tod, den »letzten Lebenshorizont«. Der Tod kann sich in einem Sterbeprozess ankündigen oder aber überraschend und schnell eintreten. Im höheren Alter liegt er unausweichlich in Sichtweite. Als »letzter Horizont« ist er unser ständiger Begleiter, befragt uns nach unserer Lebenshaltung und nach unserem tiefsten, inneren Lebensgrund. In besonderer Weise berührt er uns, wenn ein von uns geliebter Mensch stirbt. Dann stellt sich in uns die Grundfragen des Anfangs und Endes des Daseins, der geliebten Person, wie auch der Suche nach einem »Danach« und »Dahinter«. In gleichem Maße stellt uns dieser Horizont die Frage nach seiner tiefen inneren Bedeutung für uns

selbst. Er richtet unseren Blick auf unseren bisherigen Lebensweg, sowie auf die Begrenztheit und den Sinn unseres Lebens. Er befragt uns, welche Bedeutung für uns unser ganzes »Da-Sein« hat, fragt weiter nach dem inneren Ziel unseres Weges. Fragt, ob wir glauben, dass unser Weg im »Dahinter« ins Dunkle, ins Nichts, führt, oder ob wir glauben, ihn über- oder durchsteigen zu können, ob er das Ende unserer menschlichen Sicht ist, oder aber eine wichtige verwandelnde Schwelle auf dem Weg zu dem von uns »unbenennbaren Schöpfer«. So kann der »letzte Lebenshorizont« zu einem Synonym für das »ahnbare Unbekannte« in uns werden und gleichzeitig für eine Weite unseres Seins über die Grenze hinaus.

Der Horizont als »Dazwischen«, als Übergang zwischen Sichtbarem und Unsichtbarem

Der Horizont trägt in sich die Grenzen sowohl des »sichtbaren« wie auch des »unsichtbaren Raumes«, hat somit Anteil an jedem dieser Bereiche. Damit wächst ihm eine eigenständige Bedeutung zu, weit über die abstrakte mathematische Gestalt hinaus. Er ist sowohl ein Ort in unserer Realität, wie auch in unserem inneren Schauen und Fühlen. In dieser Verwobenheit ist es denkbar, dass er auch in sich eigenen räumlichen Charakter hat und sich demgemäß als »Übergangsbereich«, als »Dazwischen« zeigen kann.

Bei unserem horizontsuchenden Blick ist immer wieder vor allem der Himmel wichtig, der sich oberhalb der Horizontlinie zeigt. Mit seinem Farb- und Wolkenspiel lockt und lädt er ein oder verschleiert oder verstellt den Blick und damit auch unsere Sicht. Deshalb hat der Theologe Aristoteles vielleicht den Horizont als sichtbare Grenze auch in den Himmel hinein verlegt. Der sichtbare Bereich des Horizontes mag in diesem Sinne nicht als Linie zu verstehen sein, sondern tatsächlich als »Übergangsbereich«. Für unseren Begriff des Himmels gibt es Interessanterweise in der englischen Sprache zwei unterschiedliche Worte, einen sichtbaren, den »sky« und den unsichtbaren Himmel, den »heaven«, in der französischen Sprache ebenfalls »ciel« und »cieux«.

Das Licht, das den Horizont beleuchtet, stellt in seinen Spektren ebenfalls einen solchen »Übergangsbereich« dar. Beim Sonnenuntergang können wir ihn in wunderschönen Farbspektren erkennen und spüren dabei zudem, wie die Farbgebung in feinen Nuancierungen immer kühler wird, je weiter das Beobachtete, zum Beispiel eine Berg- oder Hügelkette, von uns entfernt ist. So mag der Horizont als trennende Grenze gleichzeitig auch den Verbindungsraum darstellen, sowohl Berührung wie auch Durchgang zwischen »Sichtbarem« und »Unsichtbarem«.

So können wir den Horizont als Abbild des Übergangs in eine andere Welt sehen. Er erinnert uns an unser dauerndes Überschreiten von Grenzen, an Loslassen und Neuanfangen. In dieser Sicht ist der Horizont nicht das Ziel, sondern ein Tor in eine andere Welt, in die Welt von Weite, erzählt von Sehnsucht und Hoffnung. Viele Nahtoderlebnisse, auch die wissenschaftlich begleiteten Beispiele, zeigen uns in unzähligen Schilderungen das Berühren und Überschreiten des »Lebens-Horizontes«. Dabei wird dieser nicht als ein einziger kurzer Moment beschrieben, sondern als ein bewegter Raum des Geschehens, gleichzeitig Grenze und Übergangsbereich.

Dieses »Dazwischen« des Horizontes gibt es auch in unseren täglichen Begegnungen: Im Gespräch begegnen sich zwei verschiedene Horizonte des Denkens und der Sichtweise. Indem wir mit unserem Denkhorizont offen sind für die Gedanken des andern und sie zu verstehen suchen, weitet sich unser Horizont. Unser Denkhorizont verschmilzt mit dem Horizont des Gesprächspartners. Durch die Horizontverschmelzung verstehen wir nicht nur den Text eines Autors oder das, was unser Gesprächspartner uns sagt, sondern wir verstehen uns selbst. Dieses Selbstverständnis wird durch die Verschmelzung der Horizonte erweitert. Es kann kein Sprechen geben, das nicht den Sprechenden mit dem Angesprochenen zusammenschließt.

Aber nicht nur im Sprechen, auch im Hören berührt uns der Horizont in einem »Übergangsbereich«. In dem »hörbaren, unsichtbaren Horizont«, dem »tonalen Horizont«, wirkt der Ton als Raum für unser Raumempfinden und für unsere Entfernungsabschätzung. Mit ihm können »akustische Räume« modelliert und begrenzt werden. Nähe und Ferne werden für uns Menschen wahrnehmbar, indem die Tonlage, die Sequenzen und auch der Rhythmus in uns »Räume« assoziieren. Bei einem Konzert bewegen wir uns zwischen dem Sichtbaren, dem Musizierenden, seinem Instrument und dem Unsichtbaren, dem Klang und dessen Resonanz in uns. Der bekannte Musiker Gerd Zacher schrieb ein Buch »Horizonte des Hörens«. In diesem Buch sind Aufsätze von ihm und seinen Weggefährten an der Folkwang-Hochschule gesammelt. Bedeutenderweise meint er, das Wort Kirche in Kirchenmusik sei keine Begrenzung oder Einschränkung der Musik, »sondern im Gegenteil eine unendliche (jawohl) Erweiterung des Horizontes« (Zacher 13). – Musik und Kirche als zwei zu einem Raum verschmelzende Horizonte.

Auch in der Astrophysik bewegt sich der Horizont immer wieder zwischen Sichtbarem und Unsichtbarem. Interessant ist, dass die Weltraumforschung bislang ihre weitestgehenden Erfahrungen aus den »tonalen Frequenzen des Alls« erforscht hat, die das »Hubble-Teleskop« empfing. Sie reichten weiter als die sichtbare Lichtspuren.

Der »offene Horizont«

Wenn wir den Horizont als Begrenzung ansehen, dann sagt er uns gleichzeitig über diese Aussage hinaus, dass es hinter allem »Spürbaren und Sichtbaren« noch mehr geben muss, ein »Darüber-Hinaus«, ein »Dort«. In der Tiefe des Menschen tönt dabei die unbewusste Suche nach dem größeren Geheimnis des Lebens mit, das größer ist als alles, was auf Erden spürbar ist. Es ist die »Sehnsucht« von uns Menschen, die über uns und unseren Horizont hinauswächst, im christlichen Verständnis ist es die Grundsehnsucht unserer Seele auf seinen Schöpfer hin.

Den tiefen Wunsch nach dem »Überschreiten« der Grenze des Horizontes können wir als eine Metapher ansehen für unser inneres Streben nach der Erkenntnis des Geheimnisses unseres »Seins«. Es kann gleichzeitig aber auch als die Suche nach dem »Gral unseres Lebens« sein, die uns hinführen soll nach innen, zu unserem kostbaren »inneren Raum«. Die Suche, in die Ferne gerichtet, will einen Horizont nach dem anderen überschreiten, sie bringt uns aber letztlich zu der Erkenntnis, dass dieser Schatz nur in uns selbst gefunden werden kann. Von dieser Suche und dem Finden berichten viele Mönchsgeschichten.

Unser Weg auf diesen »offenen Horizont« zu geschieht durch einen schöpferischen »Sprung« über unsere Grenzen hinweg. Diesen Moment der »Verwandlung«, die wir dabei empfinden, können wir in unserem Leben und in der Schöpfung immer wieder erfahren. In jeder Verwandlung selbst ist ein »offener Horizont« enthalten. Wie wichtig ist es, zu begreifen, dass alles Leben in sich einen Bauplan hat, der über das Reale, das Messbare und Sichtbare ins »Unendliche« reicht.

Der »offene Horizont« des Glaubens

Für Ernst Bloch ist jedes Denken schon Überschreiten. Für uns Christen geschieht das Überschreiten des Horizontes, unter dem wir leben, vor allem im Glauben. Im Glauben eröffnet sich uns eine neue Sicht auf die Dinge. Wir sehen nicht nur die äußeren Dinge, wir erkennen in allem das Wirken Gottes. Die äußeren Dinge werden für uns zum Zeichen für innere Vorgänge. So sagt Jesus im Lukasevangelium: »Das Aussehen der Erde und des Himmels könnt ihr deuten. Warum könnt ihr dann die Zeichen dieser Zeit nicht deuten?« (Lk 12,36). An den äußeren Geschehnissen sollen wir die Zeichen der Zeit erkennen. Gott selbst wirkt in den äußeren Krisen. Für Jesus wollen uns die Zeichen der Zeit einladen zur »metanoia«, zum Umdenken, zu einer neuen Sicht der Dinge, zu einem Denken auf der Metaebene.

Im Mittelpunkt unseres Glaubens steht der Übergang vom Tod zum Leben, von der Erde zum Himmel. Die Theologie nennt dieses Hinübergehen das Pascha-Mysterium. Augustinus übersetzt Pascha mit »transitus«, das heißt »hinübergehen, Übergang«. Im Glauben gehen wir von dieser Welt in eine andere Welt hinüber, von der irdischen in die göttliche Welt, von der Welt der Unruhe in die Ruhe Gottes. Im Glauben überschreiten wir den Horizont, innerhalb dessen wir leben. In jedem Gottesdienst gehen wir hinüber in eine andere Welt, nicht um vor dieser Welt zu fliehen, sondern um von der anderen Welt aus diese Welt zu gestalten und zu bewältigen. Der Übergang geschieht aber nicht nur in der Liturgie, in der die Grenze von Himmel und Erde aufgehoben wird. Der Übergang vollzieht sich für den hl. Augustinus in der Sehnsucht, die uns von Natur aus ins Herz geschrieben ist. Die Sehnsucht ist für Augustinus ein Grundexistenzial des Menschen. Sie geht immer schon über den sichtbaren Horizont hinaus in das Unsichtbare. In uns ist etwas, was diese Welt übersteigt. Wir haben in der Sehnsucht schon teil an der Welt jenseits des Horizontes.

Für das Johannesevangelium vollzieht sich der Übergang im Hören der Worte Jesu. Jesus sagt: »Wer mein Wort hört und dem glaubt, der mich gesandt hat, ... ist aus dem Tod ins Leben hinübergegangen« (Joh 5,24). Wenn wir den Worten Jesu glauben, gehen wir jetzt schon aus der Welt des Todes, der Leere, der Routine, aus der Welt des Uneigentlichen in die eigentliche Welt hinüber, in die Welt Gottes. Die Worte Jesu eröffnen uns einen neuen Horizont, einen Horizont jenseits der vielen Worte, die wir hier ständig hören und die wir selber ständig sagen, in die Welt jenseits aller Worte. Das Wort Jesu will uns – wenn wir es meditieren – in den Raum der Stille führen, der sich jenseits aller Worte und Bilder für uns öffnet. Die frühen Mönche sind überzeugt: das Wort Gottes öffnet in uns die Tür zum wortlosen Geheimnis Gottes, zum Raum des Schweigens, in dem alle menschlichen Vorstellungen und Gedanken und Worte schweigen und wir in der Stille etwas erahnen, das ohne Horizont ist.

Noch ein anderer Aspekt des Glaubens verweist uns auf das Thema des Horizontes. Für das Johannesevangelium bedeutet Glauben vor allem »schauen«. Wir glauben, indem wir in dem Menschen Jesus Gottes Sohn schauen, wenn wir im Fleisch das Wort schauen, das Fleisch geworden ist. Wir sehen nicht nur das Faktische, sondern in den Dingen das, was jenseits der Dinge ist, und in jedem Menschen das Antlitz Jesu. Diese mystische Sicht des Johannesevangeliums hat der Wüstenmönch Evagrius Ponticus aufgegriffen, wenn er die erste Stufe der Mystik »theoria physike« nennt. Die Kontemplation besteht also darin, in den Dingen Gottes Schönheit zu schauen, Gottes Geist in den Dingen zu erkennen und das Geheimnis zu erahnen, auf das die

Dinge hinweisen. Wir schauen also schon in den Dingen über den Horizont des rein Sichtbaren hinweg und sehen in ihnen schon das Unsichtbare. Die Dinge werden für uns zum Symbol, das über sich hinausweist. So wurde in der Romantik die »blaue Blume« zum Symbol der Sehnsucht des Menschen, die über diese Welt hinausweist. Letztlich übersteigt jede Sehnsucht diese Welt und kann nur von Gott gestillt werden. Aber die Sehnsucht wird bei Novalis von der »blauen Blume« geweckt. So sind es immer wieder Dinge, die über sich hinausweisen in das Geheimnis Gottes hinein.

Der »offene Horizont« der Hoffnung

Glaube und Hoffnung gehören zusammen. Die Hoffnung zielt jedoch mehr auf die Zukunft. Die Hoffnung gehört wesentlich zum Menschen. Die Lateiner haben das erkannt, wenn sie sagen: »Dum spiro spero«, »Solange ich atme, hoffe ich«. Ein Leben ohne Hoffnung wird steril. Das deutsche Sprichwort »Die Hoffnung stirbt zuletzt« drückt das deutlich aus: Dort wo keine Hoffnung ist, ist Tod, ist Erstarrung. Die Hoffnung hält uns lebendig. Die Hoffnung ist etwas anderes als die Erwartung. Die Erwartung kann enttäuscht werden, weil sie etwas Konkretes erwartet. Die Hoffnung zielt auf das, was wir nicht sehen. Davon hat Paulus im Römerbrief geschrieben: »Hoffnung aber, die man schon erfüllt sieht, ist keine Hoffnung. Wie kann man auf etwas hoffen, das man sieht. Hoffen wir aber auf das, was wir nicht sehen, dann harren wir aus in Geduld« (Röm 8,24f). Wir können nicht über den Horizont hinaussehen. Doch die Hoffnung trägt uns über den Horizont hinaus.
Für den jüdischen Philosophen Ernst Bloch ist die Hoffnung das zentrale Thema seiner Philosophie. Wir denken nicht richtig über die Wirklichkeit, wenn wir sie nur festlegen auf die Vergangenheit. Die Hoffnung lässt uns die Wirklichkeit erst so erkennen, wie sie wirklich ist. Denn sie hat in sich schon immer den Horizont der Zukunft. Er schreibt: »Alles Lebendige, sagt Goethe, hat eine Atmosphäre um sich her; alles Wirkliche insgesamt, indem es Leben, Prozess ist, Korrelat der objektiven Phantasie sein kann, hat einen Horizont. [...] Wo der prospektive Horizont ausgelassen ist, erscheint die Wirklichkeit nur als gewordene, als tote, und es sind die Toten, nämlich Naturalisten und Empiristen, welche hier ihre Toten begraben. Wo der prospektive Horizont durchgehends mit visiert wird, erscheint das Wirkliche als das, was es in concreto ist: als Wegegeflecht von dialektischen Prozessen, die in einer unfertigen Welt geschehen, in einer Welt, die überhaupt nicht veränderbar wäre ohne die riesige Zukunft: reale Möglichkeit in ihr« (Bloch, Prinzip Hoffnung, 257). Für Bloch sehen wir die Wirklichkeit nicht so, wie sie real ist, wenn wir sie ohne Hoffnung anschauen. In jeder Wirklichkeit ist schon etwas, was den engen Hori-

zont unserer Welt übersteigt. Bloch identifiziert den Horizont, der allem Wirklichen innewohnt, nicht mit Gott, sondern mit der Zukunft, mit der Utopie, mit einer Vision von dem, was in der Wirklichkeit schon angelegt ist, was wir aber noch nicht wahrnehmen. »Konkrete Utopie steht am Horizont jeder Realität« (Bloch, Prinzip Hoffnung, 258).

Ernst Bloch versteht die Hoffnung atheistisch. Trotzdem macht er große Anleihen in den Schriften und Überlieferungen der Religionen. Für ihn haben »die Religionen sich als tiefste Platzhalter der Hoffnung erwiesen« (TRE, Band 6, 718, Carl Heinz Ratschow). Die Religionen sind für ihn »Hoffnung in Totalität«. Er sieht gerade im Christentum die »Vorwegnahme der absoluten Freiheit« (TRE, Band 6, 718, Carl Heinz Ratschow). Die christliche Hoffnung sieht in allem schon das, was noch werden will: Letztlich ist es das Reich Gottes. So reicht der christliche Glaube für Bloch immer schon über den Horizont des empirischen Denkens hinaus.

Für Ernst Bloch ist der Begriff des offenen Horizontes zentral für sein Denken. Ein Denken, das die Dinge auf ihre Vergangenheit festlegt, wird ihnen nicht gerecht. Jede Realität hat in sich einen Horizont, den Horizont der Zukunft und den Horizont der Utopie. Thomas Morus hat den Begriff der Utopie zum ersten Mal geprägt. Er meint damit den »Nicht-Ort«, die Wirklichkeit, die über sich hinausweist. Das utopische Denken entspricht der christlichen Eschatologie, der Lehre von den letzten Dingen. Die Propheten verweisen mit ihren Visionen auf Utopien, auf mögliche Welten, die den gegenwärtigen Horizont übersteigen. Diese Prophetien sind nicht einfach nur schöne Bilder der Zukunft. Sie haben vielmehr eine revolutionäre Kraft in sich, sie wollen die Wirklichkeit verwandeln. Sie bewirken etwas im Menschen und in der Gesellschaft. Sie führen alle über den engen Horizont unseres Denkens hinaus in eine Welt, die uns Gott verheißt und die wir noch nicht erkennen, weil sie jenseits unseres Denkhorizontes liegt.

Für Bloch zeigen alle großen Kunstwerke »einen reell bezogenen Vor-Schein ihrer vollendet herausgebildeten Sache selbst« (Bloch, 13). Diesen Vorschein sieht Bloch in der Malerei, in der Musik, in der Architektur. Das zeigt Bloch vor allem an der Architektur der Gotik. Er spricht von der Bau-Utopie, vom »utopisierten Raum«, der in der Gotik sichtbar wird. »Im Bauwillen von Amiens und Reims, von Straßburg, Köln und Regensburg trieb an Ort und Stelle die Utopie eines Werdenwollens und Seins wie Auferstehung, einer Wandlung in den Baum des höheren Lebens« (Bloch, 843). Die Gotik weist über sich hinaus, über den Horizont des Sichtbaren in das Unsichtbare des höheren Lebens. Für Bloch ist Architektur »vorausgebaute Heimat: Das meinen die Grundrisse einer besseren Welt, was ihre Ausführung in Architektur angeht« (Bloch, 872).

Wertvoll ist für Bloch nur das menschliche Tun, das von Hoffnung durchdrungen ist und Hoffnung vermittelt. Das könnte man auch so formulieren: Wertvoll ist nur das menschliche Tun, das über den engen Horizont hinausführt hinein in den offenen Horizont. Der Horizont ist nicht nur der Vorschein auf die Zukunft, sondern mitten in dieser Welt schon auf das, was die Welt übersteigt, der Vorschein des Sichtbaren auf das Unsichtbare hin. Die Hoffnung sieht die Dinge, so wie sie sind. Sie überspringt sie nicht. Aber sie sieht sie immer schon im Horizont, der alles bisher Bekannte übersteigt und uns letztlich hineinführt in die Welt Gottes, die jetzt schon hineinragt in unsere irdische Welt.

Die Wahrnehmung als Teil des Horizont-Geheimnisses

Ein jeder Mensch nimmt seinen eigenen Raum wahr, somit auch seinen eigenen sichtbaren Horizont, mit dem er unlösbar verbunden ist. Diese Grunderfahrung hängt mit dem Geheimnis des »Wahrnehmens« zusammen. Doch wie nehmen wir wahr? Das Wahrnehmen beginnt, indem in der Regel alles Wahrgenommene zunächst von unseren Augen abgetastet wird. Dabei nimmt das Auge zunächst die äußeren Grenzen eines Dinges wahr als Vergewisserung der Sicherheit unseres »Da-Seins«, des Schutz- und Überlebensbedürfnisses des Menschen, bevor es alles Weitere absucht. Wenn jemand in der Sahara immer die gleichförmige Kontur der Sanddünen sieht, dann fühlt er sich an seinem Ort verloren. Sein Gehirn spiegelt ihm in der Folge eine »Fata morgana« vor, als Antwort auf seine innere Unsicherheit. Die Wahrnehmung des Horizontes geschieht mittels unseres Blickes, der eng oder weit geöffnet sein kann. Dabei erfasst er allerdings nur einen beschränkten Blickwinkel, den Rundumblick können wir nicht erfassen. Wichtig ist, dass wir beim Sehen nur das wahrnehmen, auf das die Augen von unserem Inneren her gerichtet sind. Dieses Gesehene fällt mit seinen Lichtimpulsen über die Hornhaut in der Linse durch den Glaskörper auf die hochempfindlichen Sehnervenzellen. Es löst dort physikalische Reaktionen aus, die spiegelverkehrt zur Wirklichkeit an das Sehzentrum in unserem Gehirn weitergeleitet werden. Dieses registriert die Veränderungen und Reize in den Sehnervenzellen. Das »eigentliche« Sehen findet dann im »Sehzentrum« statt. Hier werden die Erinnerungen, die jeweiligen Lebensumstände sowie der Mensch in seiner Gesamtheit in das Gesehene hineingefügt und das Ergebnis wieder in seine Ursprungsrichtung zurückgedreht beziehungweise zurückgeformt.
Das so empfangene Bild spiegelt also nicht unbedingt die objektive Wahrheit des

Gesehenen wider, sondern wurde durch unser ganzes Menschsein gefiltert, durch die »Persönlichkeit« unserer Seele, Stimmungen, sowie andere Einflüsse, wie Körperhaltung, Geschicklichkeit und Konzentration. Hinzu kommt noch, dass wir durch zwei Augen schauen, das rechte und das linke. Beide nehmen die Informationen, wie zum Beispiel den Horizont, unterschiedlich auf, nicht nur hinsichtlich seiner Farbigkeit. Diese nun verschiedenen Bilder werden in unserem Gehirn überlappt und zu einem Bild als Summe des Ganzen zusammengeführt. Was letztlich diesen besonderen und entscheidenden Vorgang des Verschmelzens beider Sehergebnisse ermöglicht, ist als ungemein komplexes Geschehen nach wie vor ein Geheimnis, das verbunden ist mit physischen und nicht-physischen Faktoren. Das »Objektive« wird durch das Sehen zum »Subjektiven« und umgibt so jeden einzelnen Menschen mit einem »subjektiv erfahrbaren Lebensraum«.

Wesentlich für das Interpretieren des Gesehenen ist die Verbindung zwischen Auge, Gehirn und Seele. Das Gesehene definiert unseren Ort und unser Gestimmtsein. So folgt Sehen dem natürlichen Rhythmus unseres Lebens, dem Auf und Ab, dem klaren und dem unscharfen, verschwommenen Sehen. Sehverlust und Sehschwäche bedeutet, sich nicht mehr gehalten fühlen in seinem »Raum« und kann oft zu einem Rückzug und zu einem Kreisen um sich selbst führen. Auch bei gewissen Erkrankungen kann die Verbindung zwischen der rechten und linken Gehirnhälfte beeinträchtigt sein und damit das Sehen beeinträchtigt werden. »Wahrnehmen« bedeutet also sowohl das Sehen in der Gegenwart wie auch das Gesehene, verknüpft mit all dem in uns gespeicherten Leben. So ist Sehen eng mit unserer Lebensenergie verbunden, verknüpft mit Aufmerksamkeit, Erinnerung und Fantasie.

Im »Wahrnehmen« wirkt der Mensch wie in einem gottähnlichen Schöpfungsprozess. Er formt aus sich heraus, zu sich selbst, seiner wahrnehmbaren Gestalt. Dabei strebt er bewusst oder unbewusst nach der Schönheit und Vollkommenheit, als Ursprung alles Erschaffenen. Vor allem ist er immer auf der Suche nach dem »Ganzen«. In seinem schöpferischen Wirken versucht der Mensch im Bewusstsein seiner Unvollkommenheit, seine Gestalt zu vollenden und der zu werden, der er meint, erschaffen zu sein.

Meditierend sich dem Geheimnis »Horizont« nähern

Die Bilder, die um das große Thema Horizont kreisen, wollen den Horizont unseres Selbstverständnisses erweitern und uns eine neue Sichtweise auf uns selbst vermitteln. So wünschen wir den Lesern und Leserinnen, dass die Sprache der Bilder und der Texte Sie und uns zusammenschließt, dass wir die rechte Sprache finden, damit Sie durch die Bilder und Texte sich selber besser verstehen und so einen guten Stand im Leben finden.

Um das tiefe innere Verstehen geht es uns – Hagen Binder und – mir in diesem Buch. In seinen vielen Bildern, die Hagen Binder zum Thema Horizont gemalt hat, wurde er von seiner Intuition geleitet, von seinem Gespür für die Bedeutung dieses Themas »Horizont« für uns Menschen. Was Gadamer vom Verstehen eines Textes schreibt, das gilt auch für das Verstehen der Bilder. Es geht immer darum, im Schauen und Betrachten eines Bildes sich selbst zu verstehen. Verstehen – so meint Gadamer in Übereinstimmung mit Martin Heidegger – »ist nicht eine unter den Verhaltensweisen des Subjektes, sondern die Seinsweise des Daseins selber« (Gadamer, Vorwort XVI).

Was Gadamer von der Sprache sagt, können wir auch auf die Bilder übertragen Kein Künstler schafft Bilder, die ohne Beziehung sind zum Beschauer. Bilder sind da, um angeschaut zu werden. Und indem wir die Bilder anschauen, schauen wir uns selbst an. Die Bilder bilden sich in uns ein, damit wir immer mehr mit dem einmaligen, ursprünglichen, unverfälschten Bild in Berührung kommen, das Gott sich von uns gemacht hat. Der griechische Philosoph Platon versteht Bildung so, dass wir uns gute Bilder einbilden, die uns mit den Ideen in Berührung bringen, die aus Gott stammen und unser wahres Wesen formen. So geht es sowohl in der Sprache als auch in den Bildern letztlich immer um ein Sich-selbst-Verstehen.

Der Horizont, der uns umgibt und hält

Meditieren der Mitte. Das, was uns umgibt, das hält uns auch. Der Horizont beschreibt den Raum, in dem wir stehen. Dieser Raum gibt uns Geborgenheit und Halt. Es ist ein vertrauter Raum, in dem wir uns daheim fühlen. Es ist ein Grundgesetz menschlichen Schauens, dass wir zunächst die Grenzen eines Dings absuchen, bevor wir weiter gehen mit unseren Augen und in die Ferne schauen, zum Horizont, der alle Dinge umschließt. Das Abtasten der Grenzen gibt uns Sicherheit. Die Sehnsucht nach Sicherheit ist tief in der menschlichen Seele verankert. Denn auf der einen Seite sind wir als geistbegabte Menschen offen für das Grenzenlose, für das Unendliche und Unbegrenzte. Auf der anderen Seite brauchen wir den Halt. Wenn wir den Horizont schauen, der uns umgibt, dann bekommen wir einen festen Stand. Wir stehen in der Mitte und schauen, so weit wir können. Doch unser Blick geht nicht ins Unendliche, sondern zum Horizont, der unsere Welt, in der wir leben, begrenzt.

Den Segen der Begrenzung hat Hagen Binder in dem nachfolgenden Gedicht seiner parallel zu den Bildern geführten »Horizont-Gespräche« zum Ausdruck gebracht:

Wer bist Du, Horizont,
bist letztlich
Heimat mir
in meinem Hiersein,
aber auch Fluchtpunkt
auf meinem Weg.

Hältst immerfort
lebendig mich,
meiner Sehnsucht
Ruf zu folgen,
ins Unbekannte
aufzubrechen.

Lässt ahnen mich
bei jedem Schritt,
dass meine Suche
letztlich Dir nur gilt,
dem Ziel und Grund
all meines Seins.

Dass über den
allerletzten Rand
mein Weg mich führt
auf Dich hin, Gott,
Du jenseits
allen Horizonts.

Der Horizont, der uns umgibt, schenkt uns Halt. Wir wissen, wo wir stehen. Es ist ein begrenzter Raum, in dem wir stehen. Und doch weitet der Horizont diesen Raum. Er befreit den Raum von der Enge. Wir können aufatmen in diesem Raum der Weite und der Freiheit. Der Horizont, der uns umgibt, zeigt das doppelte Bedürfnis des Menschen: er braucht einen festen Halt, der ihm Stehvermögen schenkt. Der hl. Benedikt fordert von seinen Mönchen »stabilitas«. Das meint nicht nur das Bleiben in der Gemeinschaft und das Verharren an einem festen Ort. Es meint auch eine innere Standfestigkeit, die Bereitschaft, sich selbst auszuhalten. Doch zur Zeit Benedikts gab es auch Wandermönche, die aus spiritueller Sehnsucht heraus gewandert sind, weil sie damit ausdrücken wollten, dass sie Pilger und Fremde sind in dieser Welt, dass sie letztlich auf Gott hinwandern. Die benediktinische Tradition versteht nun das Schweigen als Auswandern aus dem Haus des Wortes, das Auswandern in die Unendlichkeit Gottes. Die Stille wird zum Ort des Übersteigens jedes begrenzenden Horizontes. Beides hält den Menschen lebendig: das Bleiben und Einwurzeln an einem Ort und das Übersteigen des begrenzten Ortes. Der Horizont erinnert uns an dieses Wesen menschlichen Daseins.

Wir stehen auf der hell erleuchteten Erde. Dort, wo wir stehen, verstehen wir uns, dort kennen wir uns aus. Wir sehen alles im rechten Licht. Das gibt uns Sicherheit. Der Horizont, der sich über der hellen Erde wölbt, ist dunkel. Wir wissen nicht, was uns umgibt. Es ist das Unbekannte. Aber es macht uns keine Angst. Es gehört zu uns. Es stört unsere Mitte nicht. Wenn wir in der Mitte stehen, kann uns vieles umgeben, was uns unbekannt und was dunkel ist, es wird uns nicht erschrecken. Denn wir haben einen sicheren Stand. Der sichere Stand macht uns neugierig, in das Dunkel hinein zu schauen, das Geheimnisvolle, das uns umgibt, zu erforschen, uns hinauszuwagen in das Unbekannte.

Der helle Horizont schenkt uns Hoffnung, wenn um uns herum alles dunkel ist, wenn Leid unser Leben verdunkelt. Wir können auch im Dunkel stehen, ohne Angst zu haben. Denn von oben leuchtet ein warmes Licht. Es verheißt uns: alles wird gut. Doch zwischen dem Dunkel und dem Licht ist eine Grenze mit schwarzen Strichen: Ein landschaftsgleicher Horizont der unserem Auf-Erden-Sein einen Halt gibt, sich aber gleichzeitig durchlässig zeigt. Die Grenze gleicht einem Stacheldrahtzaun, doch sie ist durchbrochen.
Das Licht des Horizontes erhellt unser gefährdetes Dasein.

Der Horizont weitet sich für uns,

wenn wir aus dem Fenster unseres Zimmers schauen. Die Enge unseres Zimmers, in dem wir uns oft eingerichtet haben, in dem vieles wie immer abläuft, wird aufgebrochen durch den Horizont. Die blaue Farbe steht für die Unendlichkeit, für den Himmel. Sie ist die Farbe des Göttlichen, das einbricht in unsere irdische Welt. Blau ist auch die Farbe der Treue. Treue bedeutet eigentlich Festigkeit. Treu ist der, der fest wie ein Baum steht. So verleiht uns der blaue Horizont, der durch unser Fenster scheint, Festigkeit und Halt mitten in der Unsicherheit unseres Lebens. Doch das Blau des Fensters ist durch schwarze Striche durchbrochen. Sie bedeuten die Grenzen des Horizontes. In unserer Sehnsucht nach dem göttlichen Geheimnis kommen wir an Grenzen. Wir können nicht verschmelzen mit dem Göttlichen. Wir ahnen Gottes Gegenwart und können sie für einen Augenblick genießen. Doch dann entschwindet sie uns. Das Fenster ist oben durch einen dunklen Balken begrenzt. Er zeigt uns die Grenze auf für unsere Sehnsucht nach Gott. Es gibt Menschen, die davon sprechen, dass sie mit dem Göttlichen verschmelzen. Doch damit überschreiten sie ihre Grenze. Wir dürfen eins werden mit Gott, aber immer nur für einen Augenblick, dann werden wir wieder unserer Grenzen bewusst. Gott ist der ganz andere, der sich nicht vereinnahmen lässt.

Der äußere Horizont, der uns lockt und in Bewegung hält

Horizont bedeutet die Begrenzung unseres Sichtfeldes. Aber zugleich lockt der Horizont, über unseren Gesichtskreis hinaus zu gehen, immer weiter zu gehen. Er hält uns in Bewegung. Hagen Binder versucht sich in den Versen seines »Horizont-Gespräches« diesem Geheimnis anzunähern:

Horizont, wer bist Du,
der Du als fernes Ziel
mich lockst,
stets wach mich hältst,
sehnsuchtsvoll
mein Hiersein auszuloten,
zu entdecken
unbekannte Weiten.

Glaub ich, Dich
erreicht zu haben,
bist Du schon weiter,
als ich es bin,
lässt mich so wandern
durch meine Welt,
lockst stetig mich,
neu aufzubrechen.

Du rufst mich,
lockst mich,
meiner Sehnsucht
nachzuspüren
um letztlich
nach aller Odyssee,
im eigenen Hafen
wieder anzulegen.

Ich spüre
mehr und mehr,
Du bist kein Ort,
den ich erreichen kann.
Du gehst im Leben
mit mir mit,
bist ein Teil meines Ichs,
eines jeden Schritts.

Der Horizont ist keine starre Grenze. Er lädt uns ein, immer weiter zu gehen. Wir meinen, wir kämen dem Horizont näher, wenn wir wandern. Manchmal ist es ein Berg, der am Horizont aufscheint. Wir meinen, wenn wir den Berg erklimmen, wären wir näher am Horizont. Doch dann weitet sich wieder der Blick. Wir werden den Horizont nie erreichen. Aber unsere Augen geben sich nicht zufrieden mit dem Erblicken des Horizontes. Sie wollen weiter schauen. Dieses Weiterwandern und

Weiterschauen ist Ausdruck unserer Sehnsucht. Das lateinische Wort für Sehnsucht »desiderium« kommt von »sidera«, »Sterne«. Die Sehnsucht möchte die Sterne auf die Erde bringen. Sie möchte die unendliche Weite der Sterne mitten in der Enge der Erde spüren. In der Sehnsucht übersteigen wir jeden Horizont. Die Sehnsucht, die wesentlich ist für die Existenz des Menschen, führt uns immer schon über das Sichtbare hinaus in die unsichtbare Welt Gottes. Die Sehnsucht weitet unseren Blick Und die Sehnsucht hält uns lebendig. Sie bewahrt uns davor, uns bequem im Alltäglichen einzurichten.

Wir stehen auf unserer von Licht durchwirkten Erde und schauen auf zum Horizont. Die Grenze zwischen Himmel und Erde wird durchbrochen durch rote Flammen. Rot steht für die Liebe. Die Liebe gibt sich nie zufrieden mit dem Begrenztsein unseres Lebens. Die Liebe fließt zum Nächsten, sie verbindet uns mit ihm. Die Liebe fließt aber auch nach oben, zum Himmel, zu Gott. Die Liebe verbindet Himmel und Erde. Sie nimmt dem, was jenseits des Horizontes ist, das Beängstigende und Fremde. Die Liebe macht uns vertraut mit dem, was uns jenseits des Horizontes erwartet. Es ist die gleiche Liebe, die wir hier spüren und die uns in der jenseitigen Welt erwartet. Die Liebe lässt uns alle Grenzen überschreiten, damit unsere Mitte eins wird mit der Weite des Himmels. Dann wird unsere Erde befruchtet. Unser Leben trägt Frucht für andere.

Die Grenzen zwischen Himmel und Erde verschwimmen. Alles ist in ein helles Licht getaucht. Der Horizont hat unser Stehen in der Mitte verwandelt. Wir stehen nicht und schauen aus nach dem Horizont. Der Horizont weitet jetzt schon unser Stehen. Wir stehen in einem unendlichen Raum des Lichtes. Zwei rote Striche durchbrechen die Grenze des Horizontes. Die Liebe strömt durch die Grenze hinweg. Sie verbindet die Erde mit dem Himmel, unser irdisches Dasein mit dem göttlichen Sein. Der göttliche Horizont lockt uns, über uns hinauszuwachsen, uns wie Paulus sagt, nach dem auszustrecken, was vor uns liegt, nach der himmlischen Berufung (vgl. Phil 3,13f).

Wir gehen hier auf der Erde unsere Wege. Doch zugleich wissen wir, dass dieser Weg uns über die Grenze unseres Lebens hinausführt. Novalis antwortet auf seine eigene Frage mit dem Hinweis auf das Haus, das uns erwartet: »Wohin denn gehen wir? – Immer nach Hause.« Der Weg führt über die Grenze des Horizontes und er endet im Unendlichen. Der Horizont weckt in uns die Sehnsucht, über uns hinauszugehen auf das, was unsere Sehnsucht allein zu stillen vermag: auf den Gott des ewigen Lebens und den Gott der grenzenlosen Liebe.

Der innere Horizont, der uns mit dem Geistigen in uns in Berührung bringt

Der Horizont ist die Grenze zwischen Himmel und Erde. Daher bringt er uns in Berührung mit dem Geistigen, mit dem, was jenseits des Irdischen ist, mit Gott. Doch Gott ist nicht nur in der Ferne, im Himmel. Er ist in uns, wie Angelus Silesius es so schön ausgedrückt hat:

Halt an, wo laufst du hin. Der Himmel ist in dir.
Suchst du ihn anderswo, du fehlst ihn für und für.

In seinen »Horizont-Gesprächen« versucht sich Hagen Binder dem Geheimnis des Geistigen, mit dem uns der Horizont in Berührung bringt, zu nähern.

Wer bist Du, Horizont,
bist meiner Augen
und meiner Sinne Rand,
begrenzt so
meine Welt im Hier,
in wunderbarer Weise
steh ich mitten in ihr,
gibst so auf Erden
Halt und Heimat mir.

Lässt mich im Äußeren
wie im Inneren
Himmel und Erde
sich berühren,
gibst Ahnung mir,
ja lässt mich spüren
dass jenseits
Deine göttliche Weite
sich erstreckt.

Der Geist lässt sich nicht festhalten durch den Horizont. Er überschreitet alle Grenzen. Er ist in uns, er durchweht unseren Leib und baut sich doch jenseits alles Sichtbaren eigene Welten auf, Welten des Denkens, des Fühlens, des Spürens. Gerade der Horizont, der unsere Sicht begrenzt, verweist uns auf das Unsichtbare. Und der Horizont, der uns aufzeigt, dass wir unseren Weg nicht endlos weitergehen können, verweist uns nach innen. Im Innern ist unser Geist, der keine Grenzen kennt. Wir erleben diesen Geist in unseren Träumen. In den Träumen weilen wir in längst vergangenen Zeiten. In den Träumen können wir fliegen und unseren Lebensraum auf diese Weise erweitern. Und in den Träumen gibt es keine Grenzen der Phantasie. Da werden wir verwandelt vom Menschen in ein Tier und vom Tier in einen Menschen. Die Gesetze der Physik gelten in den Träumen nicht.

Und unser Geist denkt. Der denkende Geist übersteigt alles Irdische. Der Geist wird von der Philosophie her als »das den Menschen unermesslich Übersteigende« definiert, das aber gerade so als das »Eigenste und Tiefste des Menschen« ist. Der Geist sagt, dass der Mensch sich im Denken immer selbst übersteigt und ausgreift in das Unendliche, letztlich ausgreift auf Gott hin. Der Geist ist für die mittelalterliche Theologie der Bezugspunkt des Menschen zu Gott. Der Geist – so sagt Karl Rahner – denkt immer schon über die einzelnen Dinge hinaus und greift auf den unendlichen Horizont des Seins vor. In jedem Erkenntnisakt wird somit Gott als der absolute Horizont aller endlichen Dinge ungegenständlich mitbejaht (vgl. Rahner, Hörer des Wortes, 82). Rahner spricht davon, dass der Mensch gerade dadurch über das Einzelne »ausgreift in eine Weite, die nur die Fülle des absoluten Seins Gottes erfüllt« (Rahner, Hörer des Wortes, 87). Aber gerade indem der Mensch sich selbst auf Gott hin übersteigt, kommt er zu sich selbst, versteht er sich selbst. So ist der Horizont, der uns auf das Geistige in uns verweist, auch der Schlüssel, uns selbst besser zu verstehen. Das Denken, das über jeden Horizont hinausgeht, führt letztlich zu uns selbst. Rahner nennt das »reditio in seimpsum«, »Rückkehr zu sich selbst«. So führt uns der unendliche Horizont unseres Denkens letztlich wieder zurück zu uns selbst, damit wir uns selbst besser verstehen.

Der Geist durchdringt alle Horizonte unseres Seins

– zwei Säulen stehen gleich Menschen nebeneinander sind aber miteinander verbunden. Sie stehen auf blauem Hintergrund und sind so schon hier auf Erden mit dem Geistigen verbunden. Der Geist drückt sich im Leib aus, geht aber über ihn hinaus. Nach oben zeigt der Spalt, dass der Geist sich nicht festhalten lässt im Leib. Er durchdringt alle Horizonte unseres Seins. In diesem Bild drückt sich das Selbstverständnis des Malers aus. Er malt das Irdische, das immer schon vom Geist durchdrungen ist, und zugleich verweist es uns auf das Überirdische, auf das Himmlische. Der Mensch wird erst ganz, wenn er über das Sichtbare hinaus weist. Das hat Alfred Delp im Gefängnis vor seiner Hinrichtung durch die Nazischergen nicht nur erkannt, sondern am eigenen Leib erfahren: »Nur über sich hinaus wird der Mensch er selbst. Nur jenseits seiner existieren die Kräfte und Mächte, deren er bedarf, um er selbst zu sein und in die Freiheit zu gelangen, die er als Luft und Licht seiner Verwirklichung braucht« (Delp 181).

Der Geist vermischt sich mit dem Himmlischen. Der Horizont, der in der Mitte das Bild zu trennen versucht, wird überwunden durch das Weiß, das auf dem schwarzen Hintergrund gemalt ist. Das Weiß ist die Lichtfarbe, die das Dunkel und Chaos des Schwarz durchdringt und verwandelt. Weiß steht für die Reinheit des Denkens. Das ist die Sehnsucht, die wir alle kennen, dass unser Denken rein ist, dass wir die Dinge so denken, wie sie sind, anstatt sie durch unsere Emotionen und Projektionen zu trüben. Das Weiß steht auch für die Geburt. Das Denken erzeugt immer neue Gedanken und gebiert sie. Wenn unser Denken immer reiner wird und das Dunkle in uns verwandelt, dann leuchtet vom Horizont ein warmes, rot scheinendes Licht, das uns mit Milde und Liebe erfüllt. Indem wir rein über unser Leben nachdenken, berühren wir die Liebe, die unser Leben verwandelt.

Das Kreuz ist sichtbar, es bildet in der Waagrechten den Horizont. Doch in der Senkrechten geht es über den Horizont hinaus. Die Kirchenväter haben das Kreuz als Weltenbaum gedeutet, der Himmel und Erde miteinander verbindet. Und die Symbolik der Liturgie sieht im Kreuz den Schlüssel zum Himmel: »Du schließest auf das Leben, das uns durch dich gegeben.« Und es ist die sichere Leiter, auf der wir zum Leben aufsteigen, das Gott uns schenkt. Hagen Binder hat das Kreuz auf grünem Hintergrund gemalt. Grün ist die Farbe der Hoffnung. Das Kreuz eröffnet uns einen Horizont der Hoffnung. So wird auf der Waagrechten schon das göttliche Licht sichtbar. Und die roten Streifen verweisen auf die Liebe, die sich in Kreuz und Auferstehung Jesu als stärker erwiesen hat als der Tod. Für das Johannesevangelium wird Jesus am Kreuz verherrlicht, weil dort die Liebe siegt über den Hass und die Gewalt der Menschen. Etwas von der Verherrlichung durch das Kreuz, das Himmel und Erde miteinander verbindet, wird hier auf dem Bild sichtbar.

Der Horizont, der sich unscharf, verschleiert oder verengt zeigt

In guter innerer Stimmung geleitet mich mein Selbstbewusstsein, kann Kreativität freigesetzt werden, im Mystischen kann ich das Geheimnis des Seins ahnen, in depressiver Stimmung werde ich mutlos und unfähig mich zu bewegen. Nebel ist Metapher für Unsicherheit, Angst, Vergänglichkeit und Orientierungslosigkeit; bei Nacht und Nebel ist man den Unwettern ausgesetzt.

Wenn wir in die Ferne schauen, erscheint uns der Horizont oft unscharf. Wir können ihn nicht genau erkennen und nicht festlegen. Der Horizont kann uns das Eigentliche verschleiern und verdunkeln. Wir sehen nicht über den Horizont hinaus. Dann wird der Horizont leicht bedrückend. In seinen »Horizont-Gesprächen« spürt Hagen Binder dem mit seinen Versen in den folgenden Zeilen nach:

Wer bist Du, Horizont,
mal lockst Du mich
in klarem Licht,
mal lässt die Sonne
flimmern dich,
versprichst mir Neuland,
weite Ferne.

Mal bist nur schwer
Du zu erkennen
gehüllt in Wolken,
Nebel, Schnee,
mal versteckst Du,
Unbegreiflicher,
Dich hinter einer dunklen Wand.

Wenn ich
in Ausschnitten
Dich nur spüre,
versuch ich Dich
haltsuchend
in meinem Inneren
weiter zu zeichnen.

Dein Nichtsein
weckt Erschrecken,
lässt fallen mich
ins Unbekannte.
Verzweifelt halt ich,
ohne Raum, dann
Ausschau … nach dir.

Wenn wir im Nebel wandern, dann erkennen wir den Horizont nicht. Er scheint irgendwo zu sein. Doch er bleibt unsichtbar. Im Nebel verdunkelt sich unser Leben. Und der Nebel verweist uns auf unsere Einsamkeit. So hat es Hermann Hesse in seinem Gedicht »Im Nebel« beschrieben: *»Seltsam, im Nebel zu wandern! / Einsam ist jeder Busch und Stein. / Kein Baum sieht den andern. / Jeder ist allein.«* In der letzten Strophe verstärkt Hesse nochmals diesen Eindruck des Einsamseins: *»Seltsam, im Nebel zu wandern! / Leben ist Einsamsein. / Kein Mensch kennt den andern. / Jeder ist allein.«*
Wir kennen diesen Nebel vor allem im Monat November. Der Novembernebel drückt auf unsere Stimmung. Er ist ein Bild für die Gefühle, die an einem solchen nebligen Tag in uns aufsteigen. Da ist in uns alles unklar und nebulös. Wir blicken nicht mehr durch. Und wir sehen nicht mehr weit. Der Horizont ist unsichtbar, vernebelt. Unsere Seele ist betrübt und oft genug auch gelähmt. Sie ist unfähig, Freudensprünge zu tun. Wir können gegen diese Novemberstimmung angehen. Doch besser ist es, sich in sie hineinzufühlen. Auch der Nebel und auch der verschleierte Horizont gehören zur Natur und zu unserem menschlichen Dasein. Der vernebelte Horizont entspricht auch unserer Seele. Wir dürfen zugeben, dass wir manchmal nicht klar durchblicken, dass uns alles geheimnisvoll vorkommt. Alles scheint wie vernebelt zu sein. Unser Geist ist umnebelt. Er kann nicht klar denken. Er erkennt nicht, worauf es jetzt ankommt. Wenn wir solche Situationen aushalten, in denen sich tiefer Nebel auf unsere Seele legt, dann können sie heilsam werden. Wir gestehen uns ein, dass wir im Nebel wandern, dass sich uns der Horizont nur unscharf zeigt. Wir gestehen uns ein, dass wir oft unter einem verschleierten Horizont leben. Wir können die Erfahrung machen, dass der Nebel uns vereinsamt, wie Hermann Hesse das in seinem Gedicht ausgedrückt hat. Wir können den Nebel und den unscharfen Horizont aber auch als Bild sehen, dass der Nebel alles umgibt, dass im Nebel alles eins wird, alles sich in der gleichen Situation befindet. Wenn wir das aushalten, dann wird unser Alleinsein zu einem All-eins-Sein. Dann halten wir inne und erfahren im Innern eine Weite, die auch durch einen engen Horizont nicht verengt werden kann.

Ein verschwommener Horizont begrenzt das leere Bild. Es ist kein angenehmes Weiß auf dem Blatt, sondern das Fehlen von Lebendigkeit, von Gefühl und Leidenschaft. Und auch jenseits des Horizontes wirkt alles verschwommen. Da ist es nur grau in grau.
Wir können nichts erkennen. Wir tappen im Ungewissen und Unklaren. Das sind schmerzliche Erfahrungen. Wir verstehen dann unser eigenes Leben nicht. Der eigene Denkhorizont erscheint vernebelt. Das vermittelt uns Unsicherheit und Haltlosigkeit. Doch wenn wir diesen Zustand aushalten, werden wir mitten im Nebel fähig, tiefer zu blicken, in den inneren Raum der Stille zu gelangen, in dem alles klar ist und voller Frieden.

Der unklare neblige Horizont kann uns zu einer spirituellen Erfahrung führen. Er lässt uns – wie Hermann Hesse es ausdrückt – uns die Einsamkeit schmerzlich erfahren lassen. Er kann aber auch alles miteinander verbinden. Der Nebel kann auch Symbol des Unbestimmten sein und des Übergangs von einem Zustand zum anderen. Diese Erfahrung wird in diesem Bild dargestellt. Der Nebel ist hier nicht grau, sondern gelb. Und verbindet Himmel und Erde. Alles wird eins in diesem hellen Nebel. Wir gehen im Nebel über von unserer klaren Welt unseres Alltags in das Unklare, Unbeschreibbare einer spirituellen Wirklichkeit. Doch bei aller Unklarheit hat diese spirituelle Wirklichkeit, die uns wie ein Nebel einhüllt, etwas Angenehmes, Erhellendes, Wärmendes.
Ich kann mich auch wohlfühlen, wenn ich im Nebel wandere und den Horizont nicht so klar erkenne. Denn dann verdeckt der Nebel alles. Er hüllt mich ein. Er verbindet mich hier beim Wandern schon mit der göttlichen Wirklichkeit, die mich im Nebel umgibt wie ein wärmendes Licht.

Alles fließt zusammen, ohne klare Konturen. Doch in diesem Unbestimmten und Unklaren gibt es eine klare Struktur: das Kreuz. Das Kreuz ordnet alles, was in uns gegensätzlich ist. Es bringt Ordnung in das innere Chaos. Das Kreuz ist von jeher ein Bild für die Einheit aller Gegensätze. Wenn mein Leben unklar ist, wenn mir alle Konturen verschwimmen, wenn ich die Unsicherheit meines Lebens nicht aushalte, dann ist das Kreuz ein Symbol der Hoffnung, dass Gott alles Gegensätzliche in mir miteinander verbindet. Gerade wenn alles in unserem Leben verschwimmt, brauchen wir ein Ordnungssymbol, brauchen wir das Kreuz, das alles, was da unbestimmt ist, strukturiert. Ein altes Kirchenlied nennt das Kreuz den »Stab der Pilger, daran wir sicher wallen / nicht wanken und nicht fallen«. Dieses Vertrauen schenkt uns das Kreuz mitten im Chaos und Unbestimmten unseres Lebens.

Der Horizont, der kaum mehr wahrnehmbar ist oder verstellt sich zeigt

Manchmal ist der Horizont kaum mehr wahrnehmbar. Doch wenn der Horizont uns verstellt ist und wir alles nur noch unscharf und verschwommen sehen, dann fühlen wir uns nicht mehr gehalten im Raum unseres Lebens. Und der verstellte Horizont führt oft dazu, dass wir nur noch uns selber sehen. Wir schauen nicht mehr aus nach dem Horizont, wir richten unseren Blick nur noch auf uns. Aber dieser Blick auf uns dringt nicht in die Tiefe unserer Seele ein. Es ist nur ein Kreisen um uns selbst, um unsere Bedürfnisse und Nöte, aber kein Überschreiten mehr in eine andere Wirklichkeit. Der verstellte Horizont kann dazu führen, dass auch der Blick auf uns selbst und auf das Eigentliche verstellt ist. Und er bewirkt, dass wir nicht mehr zu uns selber stehen können, dass unser Stand in dieser Welt unsicher wird. Der verstellte Horizont drückt sich aus in einem engen bornierten Denken, das nicht mehr offen ist für die Weite des Geistes und nicht mehr bereit ist, sich selbst zu transzendieren auf Gott hin.

Das, was wir unter dem verstellten Horizont erfahren, wird für mich spürbar in einem Gedicht von Andreas Knapp, in dem er die Exilserfahrung Israels folgendermaßen umschreibt:

Im Exil

Verbannt aus der Kinderleichtigkeit
irrlichtern wir durch Dunkelkammern
fremdsprachiger Gefühle und Träume
und sind uns selber so un-heimlich.

Zerborsten das sichere Haus der Selbsterkenntnis
Zerbrochen die Galerie der Selbstbilder
Wir sind nicht einmal mehr uns selbst verständlich
Unser Ich scheint entlegener als der entfernteste Stern.

Erschreckendes Fremdsein im eigensten Innen
Erinnerung ohne Heimkehr
Verbannung ohne Lieder
Heimatvertrieben ohne Asylerecht

Wie lange noch

Unter einem kaum mehr wahrnehmbaren oder verstellten Horizont fühlen wir uns auf der Erde wie im Exil. Die Welt ist uns in dieser Erfahrung keine Heimat. Alles ist uns fremd. Und vor allem werden wir uns selbst fremd. Wir erkennen uns selbst nicht mehr. Wir werden von fremden Meinungen bestimmt und wissen nicht mehr, was wir selber denken sollen. Unser Denken geht nicht mehr in die Weite, sondern ist verengt auf die Meinungen, die uns von außen vorgegeben werden.

Der Horizont ist kaum mehr wahrnehmbar, alles in uns wird unklar, alles verschwimmt miteinander. Wir stochern im Trüben. Es ist keine Einheit von Gegensätzen, sondern ein konturloses Zusammenfließen. Wir fühlen uns ohne Halt, dem Nebel ausgesetzt. Unser Denken vermag uns keine Klarheit mehr zu schenken. Alles trübt sich ein: das Denken, aber auch das Fühlen. Wir fühlen uns traurig, depressiv. Wir verlieren den festen Stand. Wir werden anfällig für irgendwelche Parolen, die uns Sicherheit verheißen. Aber wir können nicht mehr klar erkennen, dass diese Parolen nur eine Scheinsicherheit bieten. Da sehnen wir uns nach einem klaren Horizont, der unsere Sehnsucht anstachelt, über den Horizont hinauszugehen. Doch wenn der Horizont nicht mehr erkennbar ist, können wir auch nicht über ihn hinausgehen.

Der unklare Horizont führt zu einer inneren Leere, so wie sie sich auf diesem Bild darstellt. Es ist kein strahlendes Weiß, sondern ein leeres Blatt, von einem leichten Grau bedeckt. Der verstellte Horizont verstellt uns die klare Sicht auf unser Leben. Und er nimmt uns den festen Stand. Wir stehen nicht mehr in der Mitte. Wir wissen gar nicht, wo wir stehen. Alles ist unbestimmt. Wer unter einem verstellten Horizont lebt, der ist in Gefahr, alles in seinem Leben vollzustellen. Er stellt seine Wohnung zu, so dass er kaum mehr atmen kann. Er stellt seinen Terminkalender zu, damit er sich seiner Wahrheit nicht mehr zu stellen braucht. Und er stellt sein Denken zu mit den tausend Informationen, die er ständig auf seinem Computer abruft. Doch das führt zu der Leere, wie sie in diesem Bild zum Ausdruck kommt.

Der Horizont zeigt sich ganz und gar verstellt. Es dringt kein Blick mehr über ihn hinaus. Er ist eine Grenze, die wir nicht überschreiten können. Der dunkle und verstellte Horizont wirkt sich destruktiv auf unser Leben aus. Das zeigen die schwarzen Linien, die das Bild durchziehen. Der dunkle Balken auf dem Bild drückt uns nieder, er erdrückt uns. Wir können kaum mehr atmen. Wenn das Licht von oben nicht mehr einfallen kann in unser Leben, wird alles getrübt und beschmutzt. Unsere Emotionen trüben sich ein.
Unser Denken verliert seine Klarheit. Wir verstehen uns selbst nicht mehr. Daher weigern wir uns, über uns nachzudenken. Es wäre zu schmerzlich für uns. Lieber lassen wir uns in diesem schmutzigen Braun nieder, auf einer Erde, die von der Hoffnungslosigkeit der Menschen zerstört wird, ausgebeutet wird, die auf Dauer unbewohnbar wird.

Der Horizont, der sich wieder öffnet, wieder sichtbar wird

Wenn der Horizont lange Zeit verdeckt wird durch Nebel, Regen oder Schnee, dann sehnen wir uns wieder nach dem Horizont, der sich für uns öffnet. Dann weitet sich unser Herz. Wir können wieder aufatmen. Unser Leben hellt sich auf. Der offene Horizont macht uns lebendig und er weckt unsere Sehnsucht, über das Sichtbare hinauszugehen. Den Moment des »Öffnens des Horizontes« versuchen die nachfolgenden Verse von Hagen Binder zu beschreiben:

Voll Neugierde
und innerer Spannung
richtet der Blick
sich in die Ferne,
erwartungsvoll
Ausschau halten.

Ein schmaler Spalt nur
tut sich auf,
und verengt den Blick
auf die Begegnung
von Himmel und Erde,
auf Dich, den Horizont.

Sehnsucht wird geweckt
weiterzugehen,
aufzubrechen
mit Vertrauen, Liebe
und Lebendigkeit
ins Unbekannte.

Der Horizont, der sich wieder öffnet, lässt neue Gedanken in uns entstehen. Alfred Delp sprach von seiner Zeit als dem »unschöpferischen Geschlecht: dass auf einmal einem ganzen Volk, einer ganzen Generation nichts Gescheites mehr einfällt weder im praktischen Erkennen noch in der Gestaltung, weder in der Kunst noch in der Politik, weder in der Philosophie noch in der Theologie« (Delp 288).
Wenn der Horizont sich öffnet, dann werden wir wieder schöpferisch, dann denken wir auf neue Weise. Wir schauen mit einem anderen Blick auf uns selbst und auf unsere Welt. Und es entstehen neue Perspektiven für unser Leben. Es öffnet sich ein

Fenster, durch das wir voller Hoffnung schauen, dass sich diese Welt wandelt, dass diese Welt nicht mehr das nur Irdische ist, das nur Alltägliche, das nur Harte und zu Bearbeitende. Wenn der Horizont sich über uns öffnet, dann werden Himmel und Erde verbunden, dann kommen wir wieder mit unserer Sehnsucht in Berührung, die über alles Vorhandene hinausgeht auf das Unsichtbare, auf Gott. Die Sehnsucht hat dann auch wieder die Kraft, Utopisches zu denken. Und indem sie Utopisches zu denken wagt, kann es Wirklichkeit werden. So sagt schon der griechische Philosoph Heraklit: »Wer aber das Unverhoffte nicht erhofft, der wird es nicht finden.« Der offene Horizont öffnet unsere Phantasie, dass sie neue Wege in die Zukunft entdeckt. Statt über die Zustände der Welt zu jammern, trauen wir dem offenen Horizont, dass sich eine gute Zukunft für uns eröffnet.

Der Horizont öffnet sich wieder. Ein helles Gelb mit einer weißen Mitte erstrahlt über dem dunklen Blau des unteren Bildteiles. Der untere Teil bleibt dunkel. Unser Leben vollzieht sich weiterhin im Dunkel unseres Alltags, in all den Nöten, die uns bedrücken, in all den Sinnlosigkeiten, die unsere Sicht verdunkeln. Aber wir halten es aus auf dieser dunklen Erde, weil über uns der helle Horizont aufleuchtet. Er bringt Hoffnung in unser Leben. Wir hoffen auf das, was wir nicht sehen. Wir sehen in unserem Alltag noch keine Verwandlung. Aber in der Hoffnung halten wir unser Leben in Geduld aus. Die Hoffnung lässt uns die dunkle Wirklichkeit unseres Lebens übersteigen. Mitten in den Problemen unseres Alltags können wir mit den Lateinern sprechen: »Dum spiro spero« – »Solange ich atme, hoffe ich«. Der helle Horizont stärkt unsere Hoffnung, dass wir auch wenn wir noch so bedrückt sind, frei aufatmen, voller Sehnsucht nach dem Licht, das einmal alles in uns und um uns verwandeln wird.

Durch den offenen Horizont brechen Hoffnung und Licht ein in unser Leben.

So zeigt sich der unser Leben begrenzende Horizont, auf der linken Seite blau und grün, aber auf der rechten Seite leuchtend weiß. Das Leben auf der Erde ist in freundlichen Farben gemalt. Es ist ein helles Blau, von weißen Strichen durchwoben. Die Spiritualität, die durch den Horizont in unser Leben einbricht, wird unseren Alltag aufhellen und verwandeln. Und wir schauen auf den Raum jenseits des Horizontes. Dort dominiert die weiße Farbe. Sie bricht von oben ein in das dunkle Blau. Wenn der Horizont sich für uns wieder öffnet, verklärt sich unser Leben, so wie Christus am Berg Tabor verklärt wurde und »seine Kleider wurden blendend weiß wie das Licht« (Mt 17,2). Das Weiß steht dem Anfang und dem Ende nahe. Und es verheißt die Vereinigung aller Gegensätze, die Vereinigung von Anfang und Ende. Wenn der Horizont sich für uns öffnet, dann wird alles Gegensätzliche in uns miteinander verbunden. Dann erleben wir Einssein mit uns selbst und mit allen Menschen. Der Himmel spannt sich förmlich über die Erde.

Der offene Horizont leuchtet in warmem, hellem Gelb. Manchmal ist es goldgelb, dann steht es für das Göttliche. Wenn Gott durch den offenen Horizont für uns erfahrbar wird, werden wir mit göttlichem Leben, mit göttlicher Liebe erfüllt. Wir werden vergöttlicht, wie die Kirchenväter sagen. Das Gelb auf dem Bild gleicht aber auch dem Gelb der herbstlichen Blätter, die in der Sonne golden strahlen. Die Blätter werden golden, kurz bevor sie fallen. So kommen auch wir mit dem Goldglanz unserer Seele in Berührung, wenn wir bereit sind, unser Ego loszulassen. Dann werden wir zu reifen Menschen, zu den Menschen, die sich Gott vorgestellt hat. Und das goldene Gelb der Blätter erinnert uns an das innere Gold. Die Maler des Mittelalters haben die Heiligen immer auf einem goldenen Hintergrund gemalt. Im Mittelalter steht das Gold für die Liebe. Das innere Gold, das jeder auf dem Grund seiner Seele in sich trägt, zeigt, dass unser innerstes Wesen Liebe ist. Die Liebe macht unser Menschsein wertvoll. Die Liebe verbindet uns miteinander. Und sie verbindet uns mit Gott. Sie verbindet Himmel und Erde. Sie ist einfach da und verwandelt unser Leben.
Die Farbenpracht, in die nur der Himmel sich kleiden kann, leuchtet über der Erde.

Der Horizont, der uns Weite, Sehnsucht und Hoffnung schenkt

Wenn wir zum Horizont schauen, wächst in uns die Sehnsucht, den Horizont zu berühren und über ihn hinauszugehen. Wir schauen auf zum Horizont. Das griechische Wort für »aufschauen« ist »anaplepein«. Es meint nicht nur, zum Himmel aufzuschauen, sondern jeden Menschen so anzuschauen, dass wir in ihm den Himmel sehen. So hat Jesus zum Zöllner Zachäus aufgeschaut. Er hat in ihm, den alle andern als Sünder gesehen haben, den Himmel geschaut (vgl. Lk 19,5). Und weil er in ihm den Himmel erblickt hat, kam Zachäus mit dem Himmel in sich in Berührung. Da brauchte er auf einmal das viele Geld nicht mehr. Da wurde er zu einem freien Menschen, zu einem Menschen mit einem weiten Herzen.

Marcel Proust sagt einmal: »Die Sehnsucht lässt die Dinge erblühen.« Wenn wir mit Sehnsucht auf einen Menschen schauen, blüht er vor uns auf. Wir erkennen das Göttliche, die Liebe in ihm. Wenn wir mit Sehnsucht auf eine Blume schauen, strahlt uns ihre Schönheit entgegen. Und die Schönheit heilt unsere Wunden. Die Schönheit schenkt unserer Seele Heimat. In der Schönheit fühlt sie sich daheim.

Der Horizont lädt uns aber auch ein, über den Horizont hinauszusehen, über die einzelne Blume hinauszusehen auf die Schönheit der Natur, über den einzelnen Menschen hinauszusehen auf die ganze Menschheit, über der der Horizont aufgeht und die unter dem gleichen Horizont lebt. Und der Horizont weckt unsere Sehnsucht, über das Sichtbare hinauszugehen, uns zu transzendieren auf das Geheimnis hin, das uns alle umgreift. Hagen Binder hat dieses Geheimnis des Transzendierens mit Weihnachten verbunden. Da steigt der Himmel zu uns herab und wird Mensch.

Der Horizont,
welch Geheimnis
in der Ferne.
Wo sich Himmel
und Erde berühren,
hierhin drängt uns
unsere Sehnsucht oft.

Zu Weihnachten,
welch Geheimnis
auch hier
berühren sich
tief in uns
Himmel und Erde,
Gott und Mensch.

Ein Stern
hoch oben
gibt Kunde
von diesem
Geheimnis,
er leuchte
auf unsere Wege.

An Weihnachten berühren sich Himmel und Erde. Da steigt Jesus aus dem Himmel zu uns herab bis in den Stall von Bethlehem, damit wir den Mut finden, in die Tiefen unserer Seele, in das Schattenreich unserer verdrängten Bedürfnisse und Leidenschaften hinabzusteigen, damit das himmlische Licht auch die Tiefen der Erde, die Tiefen unserer verdunkelten Seele erhellt. Wenn das geschieht, dann berühren sich in uns Himmel und Erde, dann wird das göttliche Kind in uns geboren, das alles in uns erleuchtet und alles Alte erneuert, unsere Trägheit in Hoffnung verwandelt und unsere Enge in die Weite einer Sehnsucht, die alles Irdische übersteigt.

Der Horizont, der uns Weite schenkt, verwandelt unser Leben. Wir denken nicht mehr kleinkariert über unser Leben. Wir gewinnen in unserem Herzen eine innere Weite, um über unser Leben nachzudenken. Und der Horizont färbt unser Leben mit einem hellen Licht. Alles hellt sich auf in unserer Seele. Wir verstehen unser Leben auf neue Weise. Das Dunkle hellt sich auf. Wir blicken klar durch. Wir verstehen unser Leben auf einmal. Und wir sind voller Hoffnung, dass unser Leben gelingen wird. Das gelbe Bild weckt in uns die Sehnsucht, dass alles in uns vergoldet wird, dass wir mit dem Goldglanz unserer Seele in Berührung kommen. Wir versuchen, den Welthorizont vergangener Zeiten zu verstehen und lassen unseren eigenen Horizont des Denkens dadurch weiten. Die Gedanken vergangener Zeiten befruchten unser Denken. So wird es befreit aus der Enge des immer gleichen Denkens. Heute erleben wir ja oft ein sehr enges Denken. Man ist fixiert auf seine Meinung und verschließt sich der Meinung der anderen. Man ist fest davon überzeugt, dass man recht hat. Daher lässt man sich auf die Meinung des anderen gar nicht ein. Man versucht gar nicht, sie zu verstehen. Dann verdunkelt sich unsere Welt. Sie wird zum Kampf um das Rechthaben. Aber es entsteht keine Weite. Die Sehnsucht, dass wir uns auf eine neue Sichtweise einigen können, die alle früheren Sichtweisen ernst nimmt und honoriert, spüren wir gerade heute, da die Gesellschaft immer mehr gespalten wird in verschiedene Gruppen. Da brauchen wir einen weiten Horizont, damit unser eigener Denkhorizont sich weitet und uns die Hoffnung auf einen gemeinsamen Weg schenkt.

Unsere irdische Welt wird aufgebrochen. Der untere Teil des Bildes ist in Schwarz gehalten. Da wird die Not sichtbar, in der wir oft stehen. Doch wenn über unsere Not der weite Horizont schwebt, dann tut sich uns ein Fenster auf. Es öffnet sich, und ist gemalt in goldgelbem Licht. Unsere irdische Welt bricht auf für die Sehnsucht nach dem Heiligen und Ganzen, für die Sehnsucht nach dem Geheimnis. Fenster drücken noch nicht das Geheimnis aus. Wir schauen vielmehr durch das Fenster in den Raum des Geheimnisses. Das Fenster lässt uns erahnen, dass das Geheimnis ein Geheimnis von Liebe ist. »Gott ist Liebe. Und wer in der Liebe bleibt, der bleibt in Gott und Gott bleibt in ihm« (1 Joh 4,16). Durch das helle Fenster dringt diese Liebe Gottes in uns ein. Das Fenster weckt in uns die Sehnsucht, dass wir aussteigen aus dem Dunkel unseres alltäglichen Lebens, dass unser Leben einen neuen Rahmen bekommt, den Rahmen von Licht und Zuversicht, von Hoffnung und Sehnsucht. Die Sehnsucht ist in uns. Wenn wir Gottes Liebe nicht spüren, so können wir doch unsere Sehnsucht nach dieser Liebe spüren. Und in der Sehnsucht nach Liebe ist schon Liebe, wie Antoine de Saint-Exupéry sagt. So wird die Sehnsucht für uns zum Fenster, durch das uns Gottes Liebe anstrahlt und verwandelt.

Sehnsucht nach dem Geheimnis das größer ist als wir selbst.

Diese Sehnsucht wird in blauer Farbe ausgedrückt. Die Romantik sprach von der blauen Blume, die unsere Sehnsucht weckt nach einer Schönheit, die uns Heimat schenkt. Indem sich der Horizont auf der linken Seite öffnet, schauen wir in eine große blaue Fläche. Blau ist die Farbe der Ferne, aber zugleich auch die Farbe des Immateriellen und Göttlichen. Wir sehnen uns danach, das Unsichtbare, das Immaterielle zu spüren. Wir sehnen uns nach dem, was alles Sichtbare transzendiert, nach der Wahrheit, die uns die Augen öffnet für das Geheimnis unseres Seins. Für die Griechen bedeutet Wahrheit, dass der Schleier weggezogen wird, der über allem liegt und alles verdeckt. Die Sehnsucht zielt auf die Wahrheit, dass wir in den Grund allen Seins schauen und den tiefsten Grund als Liebe erkennen, die durch uns alle hindurch strömt und uns miteinander verbindet. Der blaue Himmel, der über uns allen scheint, verbindet uns unter dem Himmel zu einer Gemeinschaft der Sehnsucht, zu einer Gemeinschaft, die sich schon hier nach dem Ewigen sehnt, nach dem Licht, das alles erleuchtet, nach dem Göttlichen, das unser Leben verzaubert.

Zum Geleit

Wir haben in den Bildern und in den Texten die verschiedenen Aspekte angeschaut, die uns das Thema des Horizontes vor Augen führen. Der Horizont hält uns und führt uns zugleich über diese Welt hinaus. Er geht über die Enge hinaus, die wir oft genug in unserem Leben erfahren. Gerade in Krisenzeiten öffnet er für uns einen Raum der Hoffnung. Dieser Raum der Hoffnung wird nicht mehr von der Krise beherrscht. Es ist vielmehr ein Raum der Weite und der Freiheit.

Der Horizont zeigt uns die Begrenztheit unseres Lebens. Er bietet unserem Blick eine Grenze und zugleich verweist er uns über diese Grenze hinaus. Jenseits des Horizontes ist Weite, ist Transzendenz, ist das Geheimnis, das wir nicht begreifen und erfassen können.

Über den Horizont hinaus können wir nicht sehen. Der Horizont begrenzt unser Sichtfeld. Aber zugleich verweist uns der Horizont über das Sichtbare hinaus in das Unsichtbare. So ist der Horizont ein treffendes Bild für unsere menschliche Existenz. Er zeigt uns täglich unsere Grenze auf. Er verweist uns in jeder Krankheit und in jeder Krise auf unsere Begrenztheit hin. Die letzte Grenze ist für uns der Tod. An dieser Grenze kommt keiner vorbei. Doch zugleich lockt uns der Horizont über die Grenzen unseres Lebens hinaus. Er ist ein Bild für die Hoffnung, die auch die Realität so annimmt, wie sie ist. Und zugleich führt die Hoffnung über alles Sichtbare hinaus. Die Hoffnung überspringt die Krise nicht, aber sie übersteigt sie.

So wünsche ich ihnen, liebe Leser und Leserinnen der Texte und liebe Betrachter und Betrachterinnen der Bilder, dass Sie das Geheimnis Ihres Lebens immer besser verstehen, dass Sie sich gerade in Krisenzeiten, in denen Sie nicht mehr weiterwissen, über den Horizont dessen, was Sie gerade als Krise erleben, hinausführen lassen in den Raum der Hoffnung.

Der Blick auf den Horizont weckt in uns die Sehnsucht nach dem Geheimnis, das all unser Begreifen übersteigt. Der Horizont befreit uns von dem Drang, unser Leben kontrollieren zu wollen. Er durchbricht alle Versuche, diese Welt in den Griff zu bekommen, und lädt uns ein, voll Vertrauen unseren Weg zu gehen. Denn über uns ist immer der Horizont, der uns über das jeweils Erlebte und Erfahrene hinausführt in den Raum der Hoffnung, der Zuversicht, der Freiheit und der Weite.

P. Anselm Grün

Zu den Bildern

Zitierte Literatur

Bloch, Ernst: Das Prinzip Hoffnung (3 Bände), Berlin 1954–1959.

Bollnow, Otto Friedrich: Der Mensch und der Raum, Stuttgart 1997.

Delp, Alfred: Gesammelte Schriften, Band 4, Frankfurt am Main 1984.

Gadamer, Hans-Georg: Wahrheit und Methode, Tübingen 1965.

Fischer, Ernst Peter: Hinter dem Horizont. Eine Geschichte der Weltbilder, Berlin 2017.

Hesse, Hermann: Sämtliche Gedichte in einem Band, herausgegeben von Volker Michels, Frankfurt am Main 1995.

Knapp, Andreas: Weiter als der Horizont. Gedichte über alles hinaus © Echter Verlag GmbH, Würzburg, 9. Auflage 2019 [»Abraham«, S. 18, »Im Exil« S. 30]. Der Abdruck erfolgt mit freundlicher Genehmigung des Verlages.

Rahner, Karl: Hörer des Wortes. Zur Grundlegung einer Religionsphilosophie, München 1941.

[Zacher, Gerd]: Horizonte des Hörens. Gerd Zacher zum 75. Geburtstag, herausgegeben von Matthias Geuting, Saarbrücken 2006.

Bibliographische Information der Deutschen Nationalbibliothek
Die Deutsche Nationalbibliothek verzeichnet diese Publikation in der Deutschen Nationalbibliographie. Detaillierte bibliographische Daten sind im Internet über http://dnb.d-nb.de abrufbar.

in Deutschland
produziert

1. Auflage 2023

Gestaltung: Dr. Matthias E. Gahr, Hagen Binder
ISBN 978-3-7365-0526-1
www.vier-tuerme-verlag.de